AF503347

EXTRAITS

D'UN

INVENTAIRE DES CHATEAUX

DE SAULXURES & MALROY

En Juin et Juillet 1783

ET DU CHATEAU DE BOUSSENOIS

CANTON DE SELONGEY (Côte-d'Or)

En Avril et Mai 1784

Extraits du Registre des Actes d'assemblées du Conseil général
de la Commune de Saulxures (de 1790 à 1795)

Prix : 1 Franc

LANGRES
[IMPRI]MERIE DU SPECTATEUR, 9, RUE DU GRAND-CLOITRE, 9
1900

EXTRAITS

D'UN

INVENTAIRE DES CHATEAUX

DE SAULXURES & MALROY

En Juin et Juillet 1783

ET DU CHATEAU DE BOUSSENOIS

CANTON DE SELONGEY (Côte-d'Or)

En Avril et Mai 1784

Prix : 1 Franc

LANGRES

Imprimerie du Spectateur, 9, Rue du Grand-Cloître, 9

1900

AVANT-PROPOS

On vient de nous communiquer un inventaire des Châteaux et Seigneuries de Saulxures, Malroy et Boussenois.

Cet inventaire, établi en 1783 et 1784, nous a paru assez curieux au point de vue de la valeur des propriétés à cette époque et de l'originalité des experts qui noircissent, à chaque instant, cinq ou six feuilles de papier timbré pour raconter leurs déboires, leur pénurie d'argent et même l'état de leur santé.

Nous y avons trouvé aussi des renseignements intéressants sur les droits seigneuriaux qui sont énumérés tout au long, avec leur rapport annuel et leur valeur capitalisée.

Nous avons extrait de cet inventaire un certain nombre d'articles dont la publication pourra intéresser nos concitoyens de la région.

Nous y avons joint quelques commentaires personnels.

Enfin, dans les premiers registres des actes d'assemblées du Conseil général de la commune de Saulxures (1790 à 1795), nous avons pris quelques documents amusants et instructifs en même temps au point de vue de l'effet produit sur le peuple des campagnes, par la Révolution.

L'orthographe des originaux a été respectée intégralement dans tous les extraits reproduits.

EXTRAITS

D'UN

Inventaire des Châteaux de Saulxures et Malroy

En Juin et Juillet 1783

ET DU CHATEAU DE BOUSSENOIS, Canton de Selongey (Côte-d'Or)

En Avril et Mai 1784

Cet inventaire contient 644 pages, sur papier timbré aux Armes de Lorraine et Bar

PREMIÈRE PARTIE

Les experts Paulin, arpenteur géomètre près la maîtrise des eaux et forêts de Sens, en résidence à Langres, et Louviol, également arpenteur géomètre, nommés par Me Nicolas Henry de Thabouret, Lieutenant-Général au Bailliage de Lamarche, à la requête du sieur de Brondeau et de sa dame, née de Susleau de Malroy, et de la demoiselle Marie-Elisabeth de Susleau de Malroy, fille majeure, quittent Lamarche le 27 Juin 1783 et se transportent à Saulxures pour y faire l'inventaire du Château, habité par le sieur Claude-Bernard de Susleau de Malroy, frère de demoiselle Elisabeth et de dame de Brondeau.

Du 27 Juin au 2 Juillet ces experts prennent connaissance du livre journalier du sieur de Malroy « contenant 238 feuillets, dans lequel ils trouvent le feuillet 230 coupé et les deux feuillets suivants entièrement coupés et enlevés. » — Ils procèdent aussi à l'examen des autres titres et pièces, ainsi que des arrêts qui leur ont été remis au procès-verbal de prestation de serment.

« Et le dit jour deux juillet, environ les huit heures du matin, sont comparus en personne le dit sieur de Broudeau et la dame son épouse assistés de Me Durand Lainé, avocat au parlement, demeurant à Lamarche, leur conseil et celui de la ditte demoiselle Elisabethe de Susleau de Malroy, qui se trouve pour le moment absente, lesquels pour parvenir à la pleine exécution des dits arrests nous ont observé qu'ensuite du dit procès-verbal de prestation de serment duement signiffié le 28 Juin dernier, ils ont le même jour par acte en forme sommé le dit sieur de Malroy de se trouver présent aux dittes opérations en lui déclarant qu'elles seraient par nous sus dits experts commencées ce jourd'huy par la prisée et estimation des meubles dans son château du dit Saulxures ; en conséquence nous ont requis de nous y transporter pour visiter et estimer autant qu'il sera possible tous les meubles et effets qui existaient au même château lors du décès du sieur de Malroy père, et faire à ce sujet toutes les observations nécessaires, nous requérant de procéder ensuite aux visittes et estimations en détail de tous les autres biens,-meubles et immeubles, droits seigneuriaux, cens, redevances, contracts de vente, arérages tant en grains que deniers, droits et actions que possédait le dit sieur de Malroy père avant son décès, en distinguant toujours les fiefs ou biens féodaux des rotures, les acquêts des propres, et en distinguant pareillement tout ce qui dépendait de la communauté conjugale du dit sieur de Malroy père avec la dame son épouse, et ce qui dépendait de la continuation de la dite communauté pour l'effet de quoi les dits comparans ont de rechef invités et sommés le dit sieur Claude-Bernard de Susleau de Malroy de remettre en mains de nous experts tous autres titres et renseignements nécessaires sous toutes dues réserves.

« Où étant au dit château et en présence de mon dit sieur de Malroy assisté de Me Martin, avocat au parlement demeurant à Lamarche son conseil qui, pour procéder aux opérations seulement ordonnées, nous ont remis la copie de l'inventaire fait par les officiers du Bailliage de Lamarche en datte du 2 Décembre 1767 que nous avons suivi article par article du mobilier existant dont nous en avons fait l'estimation ainsy qu'il suit étant au dit château. »

Suit l'inventaire du mobilier du château de Saulxures dont l'estimation ne monte qu'à 1362 Livres. Il est vrai qu'il manque nombre d'articles inscrits à l'inventaire de 1767, dans lequel l'argenterie seule figurait pour 2036 Livres 10 sols tandis qu' « il n'a été représenté que douze couverts et deux grandes fourchettes poinçon de Lorraine avec quatre flambeaux et une cuillère à olive au poinçon de Paris. »

On avait trouvé à l'inventaire de 1767 une somme de 889 Livres 12 sols, tandis que « nous a déclaré le dit sieur de Malroy que lors de la mort de leur père commun, il s'était trouvé dans un petit papier deux pièces d'or valant chacune 24 Livres, qu'il les avait partagé avec mes Demoiselles de Malroy ses sœurs. »

En résumé il ne restait plus que des meubles dépareillés et sans valeur. En voici des exemples : « Une vieille couchete de bois garnie de sa paillasse, un traversin, un plumon, deux mauvaises couvertures piquées avec une vieille catalogne, estimés comme à l'inventaire 15 Livres ; une grande table de bois de sapin, 30 sols ; une évantaile d'ivoire avec son étui sans papier, dix sols ; un miroire de 13 pouces et demi de hauteur sur 16 de largeur servant de trumeau, 8 Livres 10 sols ; une table portant une toilette estimée 4 Livres ; un rideau de croisée d'indienne très-usée, 10 sols ; une tapisserie de toile peinte en figure et paysage, contenant 18 aulnes, 24 Livres ; 12 aulnes 1/2 de tapisserie travaillée en laine et soye qui est actuellement chez Louvrier pour la raccomoder, n'avons pus l'estimer ; un pan de tapisserie de point d'Hongrie, 5 Livres ; cinq pièces de mauvaise tapisserie de Bergame et de différentes façons, 40 Livres ; huit chaises avec un vieux fauteuil garnis de tapisserie avec un vieux tapis, 8 livres ; une pétrissoire en bois de chaîne d'une pièce, un mauvais tamis de soye, deux pelles en bois à grande queue, un mauvais tire-braise et une mauvaise platine de fer bâtie pour fermer le four, le tout 6 livres ; une chaise persée tapissée, un bois de lit, une tête à perruque avec son pied, estimé quoique vieux 6 Livres.

Les deux lits du premier étage ont seuls un peu de valeur. En voici la description : « Un lit à la Duchesse, garni de sa couchette, paillasse, deux matelas dont la toile est à careau avec un lit de plume, traversin de toille de couty, les rideaux tête et ciel de serge verte brodée de rubans et franges avec une couverture d'indienne piquée, estimé 150 Livres. — Un lit avec couchette, paillasse, deux matelas, un lit de plume avec son traversin toille de couty, les rideaux tête et ciel de serge verte assez usé avec une couverture, couvre-pied piqué en coton, le tout estimé 110 Livres. »

Les articles 5, 9, de 11 à 23, 27, 28, 29, de 34 à 134, de 140 à 155, 157, de 162 à 165, 171, 172, de 175 à 178, 181 à 185, 187, 191 à 195, 197, 198, 200, 204, 205, 213, 215, 220 à 226, 228, 232 à 237, 239, 240, 242, 243, 245 à 258, 260 à 262, 264 à 267, 269 à 281 de l'inventaire de 1767 ont disparu.

Il est probable que le Seigneur Claude Bernard de Susleau de Malroy avait prélevé, pour ne pas en perdre l'habitude, une forte dixme sur l'héritage de ses deux sœurs. C'était d'ailleurs la cause de l'inventaire général des trois châteaux de Saulxures, Malroy et Boussenois.

« Ledit sieur de Malroy déclare que sont tous les meubles qu'il peut représenter, que le surplus porté au susdit inventaire était usé, consommé et diverti et quant aux billets, contrats, titres et créances, ledit sieur de Malroy nous a déclaré n'en avoir reçu aucunes autres que ceux énoncées dans l'expédition de l'inventaire qu'il nous a remis, pourquoy il nous a requis de transcrire ici, ce qui a été par nous fait. »

Suit l'énoncé de créances de 15 à 100 Livres sur 79 particuliers. Puis le sieur de Malroy, pris sans doute d'un léger remords, présente « une écuelle d'argent pesant une livre et demi-once poinçon de Paris, à 52 Livres le mar fait 108 Livres 5 sols 7 deniers, plus un sou d'or estimé 5 Livres, plus pour bougie cinq livres, estimées 12 Livres, plus pour l'avoine qui était sur les greniers lors du décès du sieur de Malroy père et qui a été vendue : 124 Livres 5 sols. » Vient encore l'énoncé des créances sur les fermiers de Saulxures, Malroy et Boussenois et sur un grand nombre de particuliers, puis « l'heure de huit du soir étante survenue, nous avons remis la continuation de nos opérations à demain quatre juillet à cinq heures du matin, signés Louviol et Paulin. »

« Tout le mobilier ainsi fait par récollement sur le dit inventaire, observant que nous n'avons pûs faire l'estimation des objets en déficit, et que nous nous sommes réglé dans l'estimation de ceux représenté par celle portée à l'inventaire principalement de certain et ce parce que nous ne pouvions sçavoir si ces meubles étaient au même état lors du décès ou de cet inventaire que parce que cet inventaire nous a paru assez scrupuleux et parce qu'enfin nous avons reconnus plusieurs objets représenté dans leur valeur. »

« Et après toutes les dittes réquisitions et déclarations faites par le dit sieur de Malroy en son dit château, nous lui avons déclaré ainsi qu'aux autres parties que nous allions nous rendre en notre domicile élû en la maison de Noël Génuel, laboureur demeurant au dit Saulxures pour continuer nos opérations et recevoir les dires et observations des parties conformément aux dits arrests, auquel domicile élû nous avons fait chaque fois la rédaction. »

« Les dits sieur et dame de Brondeau, Marie Elisabethe de Susleau de Malroy, demoiselle majeure, et Me Durand-Laîné, doyen des avocats du Bailliage de Lamarche, leur conseil, se sont représentés en notre susdit domicile élû en la maison de Noël Génuel, laboureur au dit Saulxures, lesquels nous ont dits qu'ayants protestés en 1767 pendant la confection de l'inventaire de la même année à cause des erreurs, obmissions et confusions faisant préjudice, ils sont obligés de réitérer leurs protestations contre l'expédition de cette inventaire que le sieur de Malroy a fait remettre entre nos mains, et contre ses déclarations analogues au dit inventaire qu'il donne encore aujourd'huy pour règle contrairement aux arrests de la cour, observant : 1° que le dit sieur de Malroy n'a raporté dans le dit inventaire que 1900 Livres pour sommes par lui reçû de Didier Ramaget qui était fermier de la terre de Boussenois au décès du sieur de Malroy père, tandis que les sommes et effets qu'il a reçû joint aux denrées qu'il a apprécié arbitrairement à un très vil prix par le dit inventaire montent au moins à quatre mil Livres non compris la créance des comparans sur ce fermier ; 2° qu'il ne suffit pas de dire de la part du sieur de Malroy qu'il a remis à Me André procureur un billet de 120 Livres pour récompense de service, cette remise et les prétendus services n'étant point justiffiée ni précise, cette somme doit être raportée ; 3° pour les grains de 1764 et des années précédentes qui ont été vendus par billets ou autrement, le sieur de Malroy ne raporte que 1377 Livres, mais il en avait pour une somme beaucoup plus considérable, si vrai qu'il demande en déduction de cette somme celle de 425 Livres pour droit de recette et gestion du sieur Voillin suivant un état du 15 novembre 1765 qu'il ne représente pas ; 4° le sieur de Malroy n'a raporté que sept tonneaux de vin du crûs de Beaucharmois les dames ses sœurs en avaient compté onze après le décès du sieur leur père. Les vins et tous les autres ont été visiblement estimés à très vil prix ; 5° le sieur de Malroy a réduit à 14 sols la poulle et le poulet dû par chacun des habitans de Saulxures, mais on les payait alors seize sols et après plus; 6° il y avait au château de Saulxures plus de 72 paires de drap, les dames de Malroy en sont sûres pour les avoir numéroté et on en trouve à l'inventaire qui sont encore numéroté par paires, 50, 55 et jusqu'à 64. Cependant le sieur de Malroy n'en a représenté en tout que 35 paires sous divers numéros y compris plusieurs paires non numérotées; 7° les bled et avoine de Louis Thomas et George Geoffroy fermiers à Malroy ont été estimés comme les autres à vil prix. On prie les experts de vériffier sur les journalliers les comptes faits ou prétendus faits avec ces fermiers en novembre 1765; 8° suivant l'inventaire les fermiers de Malroy ne jouissaient que de trente fauchées de pré et on n'en avait réservé que 14 fauchées et demi. On en a donc caché 34 fauchées et demi mesure de Choiseuil suivant le dernier dénombrement qui porte qu'il y a 80 fauchées non compris ce qui est à défricher. »

Les comparans réclament ensuite le rapport du montant d'un certain nombre de créances qui ont été touchées et dont il n'est pas tenu compte, puis ils reprochent au sieur de Malroy de tenir caché un compte fait avec le sieur Bardonnot, procureur à Langres, parce qu'on y verrait ce qu'ont produit plusieurs créances sur Milton, sur Jourdheuil, d'Orquevaulx et sur Bourier, d'Hortes. Ils lui reprochent également de ne pas rapporter le prix des baux, des réserves et autres revenus de l'année du décès du père commun « quoique faisant fond dans sa succession, ce qui forme un objet considérable. »

Ils se plaignent ensuite de l'inexactitude de l'inventaire fait en 1767 par le sieur de Malroy fils, du château de Boussenois « qui était bien meublé et où il n'avait jamais été fait inventaire n'y prisée.»

« Enfin pour remplir les offres faites dans tous les tems par les dittes dame de Brondeau et demoiselle de Malroy de raporter tout ce qu'elles ont reçu à compte de leurs droits successifs, elles vont en donner un état tant des principaux que des rentes échus au décès de leur père. » Le total est en principal de soixante-huit mille Livres, dont 13100 Livres pour le domaine de Boussenois vendu par décret sur Didier Ramagel et adjugé aux dits sieur et dame de Brondeau et demoiselle de Malroy. Il y a quarante-deux mille Livres en contrats sur divers particuliers de Dammartin, d'Is-sur-Tille, de Dijon, de Langres, de Selongey, de Pouilly, de Darney ; une somme de 3556 Livres « reçus en deniers content ; un contrat sur l'Hôtel de Ville de Paris provenant de feue Madame de Malroy mère des parties, en principal de 3760 Livres qui ne produit que 85 Livres de rente annuelle, toutes charges déduites. »

Ce qui prouve que les placements dits de tout repos ne rapportaient pas plus d'intérêts à cette époque que de nos jours.

« Un autre contrac sur le Roy qui se payait à Langres, dont le principal est réduit à 5504 Livres et ne produit plus que 137 Livres 12 sols de rente annuelle. »

Ce qui prouve encore que les conversions étaient déjà pratiquées sous l'ancien régime.

« Enfin deux tasses d'argent estimées 91 livres un sol un denier ; une montre d'or estimées 192 Livres ; un cachet de cuivre aux armes de feu le sieur de Malroy, 3 livres ; une boucle de ceinture en argent, 6 livres ; un porte-manteau de droguet estimé 40 sols ; qui sont tous les contrats, deniers, meubles et effets que les dittes dame de Brondeau et demoiselle de Malroy nous ont déclaré tenir à compte de leurs droits successifs dans la succession du sieur de Malroy leur père, dans celle de la dame leur mère et dans sa communauté conjugale ainsy que dans la continuation de communauté d'icelle, offrant de rechef de les mettre en masse à charge par ledit sieur de Malroy fils de raporter aussi de son côté *avec la même fidélité* tout ce qu'il a reçu, *ce qu'il n'a pas fait jusqu'à présent* parce que les meilleurs effets mobiliers des dittes succession et communauté ne sont pas représenté et qu'ayant été distrait ou détourné au préjudice des comparans, il doit en payer la valleur avec dommages interrests, d'autant plus qu'il est démontré que dans l'inventaire de 1767 tout y fut prisé au dessous de la valleur et que si l'on suivait les prisées et celles de ce qui reste aujourd'huy, les légitimaires seraient extraordinairement lésés, réitérant avec sujet toutes dues réserves et protestations ; en fait les dits sieur et dame de Brondeau et demoiselle de Malroy nous ont requis de procéder à la visite et estimation du dit château de Saulxures, cours, granges, jardins potagers et fruitiers et autres dépendances et à celles des autres maisons et bâtiments de la dite Seigneurie de Saulxures et ensuite à la prisée et estimation des droits Seigneuriaux, cens, rentes, et redevances duë par les habitants du dit lieu à l'effet de quoi nous requérons le dit sieur de Malroy de nous remettre en mains tous autres titres, papiers et renseignements qui pourront nous être nécessaires ; lesquels dires, observations et réquisitions ont été ainsy faittes et produites par écrit entre les mains de nous experts par les dits sieur et dame de Brondeau, demoiselle de Malroy et le dit

Me Durand qui nous ont requis de les communiquer audit sieur de Malroy et à son conseil pour que le dit sieur de Malroy y réponde s'y bon lui semble, le tout sans préjudice. Et à l'instant est comparu Me de Martin, conseil de mon dit sieur de Malroy lequel ensuite de la communication que nous lui avons donné des dires observations et réquisitions cy dessus nous a répondû qu'ils ne concernaient pas notre commission et nous a requis de nous renfermer dans la disposition des des jugements, arrests sur la visite, prisée et estimation y ordonnées, se réservant de répondre aux prétentions des parties adverses déclarant n'avoir rien à signer à notre raport comme devant être tout de notre fait et a refusé de signer. »

Aussitôt les deux experts se transportent au château de Saulxures qu'ils visitent en détail. Ce château se trouvait alors au centre du village, au bas de l'église et entouré par les places communes. Le château actuel, qui n'a d'ailleurs d'un château que le nom, a été construit en 1825 par le sieur de Brondeau, fils de celui dont il est question dans cet inventaire. Il ajouta alors à son nom celui de la commune et s'intitula le chevalier de Brondeau de Saulxures. Sur les actes de l'état civil signés par lui en qualité de maire, on lit Debrondeault de Saulxures. D'après les dires des anciens, c'est sur les instances de sa femme, originaire de Dijon, qu'il aurait commis cette usurpation de titre et de nom. Son fils Amédée, ancien Secrétaire général de la Préfecture de police, sous l'empire, gendre de M. Tonnet, maire de Bourbonne, ancien Préfet, s'appelait le Comte de Saulxures. Il était peut-être Comte du Pape.

Il est à remarquer que d'un bout à l'autre de l'inventaire les experts ont écrit: le sieur Brondeau et dame Brondeau tout court. La particule qui a été ensuite ajoutée partout est d'une écriture beaucoup plus fine et d'une encre plus noire. Il y avait d'ailleurs souvent très peu de place pour l'intercaler.

Les experts ont-ils fait erreur? ou M. de Saulxures s'est-il anobli lui-même, comme le vieux républicain Lahérard, de Mauvaignant, reprochait au père d'un de nos conseillers généraux de l'avoir fait? Mon père s'appelait Lahérard, disait-il, et je m'appelle Lahérard. Si mon père s'était appelé Moreau, comme le vôtre, je m'appellerais Moreau et non du Breuil. Il est vrai qu'il n'a pas été plus difficile d'ajouter de Saint-Germain, que de supprimer Moreau.

Description du Château. — Après avoir bien visité le château dont la description peu brillante est écrite tout au long dans l'inventaire, nos deux experts ne sont pas d'accord. Louviol montre une partialité trop grande en faveur du sieur de Malroy. Il va disparaître sous peu et sera remplacé.

« Il a été observé par nous dit Louviol que le dit château de Saulxures est située dans une position triste et désagréable, qu'il est peu logeable, point commode et d'un entretien difficile et dispendieux par sa vieillesse et caducité et par conséquent à charge à la terre et Seigneurie de Saulxures n'y ayant que le solle ou emplacement de quelques considérations et qui mérite attention, et n'étant point d'accord avec le dit sieur Paulin sur le prix et valleur du dit château et dépendances d'iceluy, nous avons fait estimation séparément et à part ainsy qu'il suit : Le dit château avec ses jardins, aisances et dépendances nous l'estimons valeur en fond à la somme de Trois mille Livres, signé Louviol. »

« Et nous dit Paulin expert susdit, étant d'accord sur les observations faittes par le dit sieur Louviol de la position du dit château, seulement nous l'estimons avec ses dépendances à la somme de Dix mille Livres eu égard à la nécessité d'iceluy en la dite terre et aux répétitions que pourra faire le dit sieur de Malroy pour les réparations et augmentations par lui faites, signé Paulin. »

« Et l'heure de huit du soir étante survenue nous avons remis la continuation de nos opérations à demain cinq de juillet à visiter les maisons du fermier et autres.

« Et cejourd'huy cinq juillet au dit an 1783 heure de cinq du matin nous experts susdits avons continué nos opérations ainsy qu'il suit : »

Cette formule qui revient tous les jours le matin, à midi, à deux heures de relevée et le soir, occupe chaque fois une grande page de papier timbré.

Les experts après avoir visité la maison du fermier et ses dépendances ne sont pas d'accord. Louviol l'estime à 1500 et Paulin à 2400 Livres.

A ce moment « sous le bon plaisir de nos seigneurs de la cour du Parlement » l'expert Louviol se déporte de la présente commission, mais pour faire voir qu'il n'est pas content, il refuse d'approuver les ratures du procès-verbal, ce que fait constater son collègue Paulin par les sieurs Germain, notaire à Lamarche et Génuel père et fils présents au refus. « Observant que quoique les dites ratures ne soient pas de conséquence, ne tombant que sur quelques mots peu intéressant, j'ai cru devoir prendre les précautions cy dessus dans la crainte que l'on ne m'impute malicieusement d'avoir fait seul les dites ratures après le déport et le départ du dit Louviol. »

Le six juillet Paulin se rend à Lamarche muni du procès-verbal pour affirmer les opérations commencées. Il y attend Louviol jusqu'au dix, mais celuici ne se présente pas. Il retourne alors à Saulxures où il reçoit le lendemain une sommation de Garnier de se rendre à Lamarche « pour y représenter le déport du dit sieur Louviol, ce qui fut fait le douze du dit présent mois suivant qu'il résulte du dit procès-verbal fait par devant mon dit sieur le Lieutenant-Général de la ditte ville portant nomination d'office de la personne de Me Nicolas Richard, arpenteur et notaire royal demeurant à Coiffy-le-Château (Coiffy-le-Haut) pour expert au lieu et place du dit Louviol pour procéder conjointement avec nous à la continuation des opérations ordonnées par les susdits arrests.

« Le même jour douze nous reçumes une assignation par exploit de Renault à l'effet de comparoir le mardi 15 en l'hôtel et par devant mon dit sieur le Lieutenant-Général pour être présent à la prestation du serment de Me Richard et prîmes jour avec lui pour le 17 juillet pour procéder à la continuation des dites opérations et prendre par le dit Me Richard connaissance des titres, papiers et renseignements étant entre nos mains.

« Et le dit jour à deux heures de relevée, le dit Me Richard ayant pris connaissance de toutes les pièces, nous avons continué les dittes opérations ainsy qu'il suit :

Droits Seigneuriaux

« Les droits seigneuriaux honorifiques, ainsy que droits de chasse, de pêches, de prélation et droits de greffe qui n'est point amodié, à ce que nous a déclaré le dit Seigneur, nous en laissons estimation à Justice.

Droits Utils. — Mesur et amandes estimé par chaque année communément sur le relevé que nous avons fait des receptes du fermier actuel et plusieurs années à la somme de 42 Livres de rente.

Les corvées de charrue au nombre de 28 laboureurs se payent par chaque année et par chaque laboureur la somme de 4 Livres 10 sols argent de Lorraine y compris les corvées de bras partant font 126 Livres de Lorraine qui font en argent de France 97 Livres 10 sols 6 deniers, plus trois veuves tenant charue qui paient chacune 3 Livres 15 sols argent de Lorraine pour moitié des corvées de charue et de bras fait 11 Livres 15 sols de Lorraine et de France 8 Livres 8 sols ; plus pour les corvées de bras par chaques habitans manouvriers au dit Saulxures 30 sols argent de Lorraine, suivant les dits aveux et dénombrements il y a communément 63 manouvriers, marchands, artisans ou autres ce qui revient argent de France à 66 Livres 18 sols 9 deniers. Les veuves ou filles manouvrières doivent pour corvée de bras annuellement 15 sols chacune. Il y en a communément dans la ditte paroisse onze, qui font 8 Livres 5 sols de Lorraine et fait 5 Livres 17 sols de France.

Les experts remarquent une contradiction entre les différentes pièces relatives aux droits et redevances seigneuriales. Ils supposent qu'une transaction est survenue entre le Seigneur et les habitants, et ils vont demander au sieur de Malroy de remettre entre leurs mains, comme l'ordonne l'arrêt du 23 avril 1782 « non seulement le livre journallier du père commun, les dénombrements des dittes terres, mais encore tous autres titres et renseignements nécessaires. »

Mais ils ne verront plus le sieur de Malroy. C'est sans doute madame qui porte la culotte et c'est toujours elle qui les recevra sur la porte. Tant il est vrai que dans les questions d'intérêt, les dames sont en général bien plus tenaces et beaucoup moins conciliantes que les hommes.

« Etant arrivé au château sur les dix heures du matin, ayant demandé le dit Seigneur, la dame son épouse est paruë à la porte et est restée sur l'entrée d'icelle du premier appartement, nous a dit que le sieur son mari n'y était pas, lui ayant demandé à quel instant on pouvait le voir et lui parler en lui annonceant que nous étions les experts nommés pour procéder à l'exécution des arrests susdits ; à quoi la ditte dame nous a répondu que son mari fût chez lui ou n'y fût pas, il n'avait d'autres pièces à nous remettre que celles qu'il àvait cy devant remises, pourquóy nous les experts susdits en prenant les susdites réponses pour refus de nous communiquer et aider des dittes pièces nous nous sommes retirés et avons dressé le présent acte étant bien assuré, nous dit Paulin, qu'il existe un registre des dits droits de couvées et poulles entre les mains du dit Seigneur parce que dès le trois du présent mois le nommé Robot, fermier actuel, l'avait communiqué au sieur Louviol qui s'en saisit lors de son départ et le remis au dit Seigneur duquel jusqu'alors nous nous étions servis avec le dit sieur Louviol pour l'évaluation de partie des dits droits. »

Décidément Louviol n'était pas content.

« Et le dit jour 18 juillet 1783 en notre susdit domicile élû, à la susditte heure de deux de relevée, nous experts susdits avons continué les susdittes opérations ainsy qu'il suit :

Suite des Droits Utils. — « Suivant les dits aveux et dénombrements, il est dû annuellement par les dits habitants une taille réelle et seigneurialle au lendemain de Noël de la sommes de 76 Livres Tournois de recouvrement de laquellé le maire du lieu est tenu. Il est dû par chaques habitans de quelles qualités ils puissent être un bichet moitié blé et moitié avoine mesure de Lamarche pour abonnement du four et les filles ne doivent que moitié. Suivant la liquidation des droits de corvée cy dessus il y a communément au dit lieu de Saulxures 28 laboureurs et 63 manouvriers ce qui fait en tout 91 habitans sujets aux dits droits qui produisent annuellement 45 bichets et une quarte de blé et autant d'avoine ce que nous estimons valoir année commune 273 Livres de France ; plus pour 14 tant veuves que filles 42 Livres. »

« Chaques habitans doivent une poulle et un poullet, les veuves et filles moitié, ce qui produit annuellement 98 poulles et autant de poullets le tout estimé ensemble 88 Livres 4 sols. »

« Il est dû le sol pour livre du prix de vente d'immeuble situé dans l'étendue du dit finage pour lots et vente lequel droit nous experts susdits aurions estimé s'y les registres de récepte des dits droits nous eussent été représenté, de dix années desquels nous en aurions faits une commune, mais attendû que les dits registres nous ont été refusés nous ne pouvons sur cet article faire aucune estimation ; observons néanmoins que le finage est étendu, qu'il y a beaucoup de propriétaires tant du lieu que des environs et que les mutations peuvent être frécantes, cy mémoire. »

« Il est prétendu par le dit Seigneur un droit de taverne qui est annuellement sur chacune d'icelle trente sols. Il y en a présentement cinq mais nous les estimons communément à trois ce qui fait par chaque année un produit de 4 Livres 10 sols. »

Cinq tavernes pour une population de 91 hommes et l'on se plaint aujourd'hui, avec raison, de la multiplication des cabarets.

« Il est dû et se perçoit par le dit Seigneur la dixme à raison de treize gerbes l'une partable entre lui et le curé chacun pour moitié sur un canton de cent arpents environ appelé Les Cottes des Huot, La Force, Côte Velaine et les bois Lanouë, le dit droit estimé produire annuellement dix paires pour la part du dit Seigneur et les dittes dix paires estimées en propriété valoir 2250 Livres. »

Il y en avait autant pour le curé.

« Il est dû au dit Seigneur par les habitans du dit Saulxures une somme de 30 Livres cours de France de cens perpétuel et annuel payable le lendemain de Noël affectée sur la partie possédée par les dits habitans du bois dit La Derrière. »

Par une convention en date de 1624, la commune avait la jouissance de ce bois tout entier, mais en 1719 le Seigneur s'empara par la force de la moitié du bois et fit, en outre, verser par les habitans une somme de mille livres. Il avait fait venir plusieurs compagnies de maréchaussée qui tinrent garnison dans le pays jusqu'à la signature de l'acte d'abandon. La municipalité fut encore obligée de vendre un terrain communal de 20 journaux pour payer les frais de séjour des garnisaires.

Vient ensuite la liste des cens dûs par les habitants sur leurs maisons. Le montant en est de 92 Livres 8 sols, plus 14 chapons estimés seize sols chacun.

A cette époque on pouvait se payer à bon compte la Poule au Pot.

« Tous les droits de corvées cy-dessus produisent annuellement 792 Livres 15 sols, ce qui au denier vingt donne un capital de 15.855 Livres. »

Ainsi la population taillable et corvéable de Saulxures était alors composée de 31 laboureurs dont trois veuves menant charrue et 74 manouvriers, marchands et artisans dont onze veuves ou filles. Ces 105 personnes, en dehors des droits seigneuriaux honorifiques dont les experts ont laissé l'estimation à dame Justice et du sou pour franc sur les locations ou vente d'immeubles, avaient à payer chaque année au Seigneur pour « droits utils, corvées de charue et de bras, droits de poulles, dixmes, etc. » une somme assez rondelette comme on le voit. — C'était le bon vieux temps. — Et encore il faut constater qu'en 1783 les redevances étaient déjà diminuées dans une assez forte proportion.

Les experts font ensuite l'estimation des cens et rentes sur les vignes et terres. Le montant en est de 599 Livres 6 sols et 23 chapons, toujours estimés à 16 sols la pièce.

« Etat des cannons échus des fermages lors du décès du sieur de Malroy père : Pierre Boucheron, fermier de la terre de Saulxures, 2956 Livres dont

2100 Livres pour l'année courante ; Louis Thomas, fermier de la terre de Malroy, 3793 Livres 4 sols.; George Geofroy, autre fermier de Malroy, 1121 Livres 10 sols ; autres fermiers, 710 Livres, 9 sols, 9 deniers. »

Le 22 Juillet, les experts avant de continuer leurs opérations par l'estimation du moulin, des bois, terres et prés, se rendent au château pour inviter le sieur de Malroy à se trouver à deux heures de relevée au moulin Gaumand pour y faire les dires et observations qu'il pourrait croire convenable à ses intérêts, sinon qu'ils procéderaient en son absence sur les indications qui leur seraient fournies. Ils ne trouvent qu'une servante et un domestique dans la cour. Ceux-ci leur répondent que le Seigneur était parti du matin pour aller à la chasse.

Au 22 Juillet les perdreaux ne devaient pas être bien gros.

« Le sieur de Malroy ne s'étant pas rendu à leur invitation, ils prennent comme indicateur le sieur François Henriot, marchand de bois demeurant à Vicq, avec lequel ils examinent le moulin Gaumand qu'ils estiment avec ses dépendances valoir 3500 Livres ; le bois Chassot contenant 60 journaux mesure de Bourbonne, estimé seulement 7500 Livres « eu égard au dépeuplement des vieilles écorces » ; puis la forêt dite Côte Velaine contenant 40 journaux dont dix ont été exploités en 1777 « mais dont le fond est très bon, le taillis beau pour son âge et bien garni. » L'estimation est de 5750 Livres.

« Et l'heure de midy étante survenue le dit sieur Henriot s'est retiré. Et le dit jour 23 Juillet à deux heures de relevée nous experts sudits désirant prendre connaissance des terres et héritages dépendant de la succession du sieur de Malroy père et pour y parvenir ayant besoin d'indicateur nous nous sommes adressés à plusieurs habitans du dit Saulxures notamment à Noël Genuel laboureur au dit lieu et à son fils qui se sont excusés de nous faire les dittes indications, ensuite au nommé Robot, fermier actuel de la ditte terre qui nous a observé qui ne pouvait le faire que de l'agrément du Seigneur son maître et si nous étions envoyé de sa part, enfin à Pierre Boucheron, ancien fermier du dit Saulxures qui nous avait d'abord parû disposé et prest à faire les dittes indications. Il a réfléchi que cette œuvre de sa part pourrait déplaire et le compromettre avec son Seigneur pourquoy il aurait envoyé sa femme au château pour demander au dit Seigneur ce qu'il en pensait et s'il devait se prêter à nous donner les connaissances que nous lui demandions, laquelle femme étant de retour aurait dit et déclaré que son mary ne pouvait nous être indicateur parce la dame de Malroy à qui elle avait parlé le lui avait défendu en lui disant que s'y son mari s'avisoit de le faire il auroit lieu de s'en repentir, qu'il s'en souviendroit le reste de ses jours, pourquoy nous avons été obligé de nous pourvoir dans les vilages les plus prochains et avons envoyé chercher le nommé Nicolas Boisselier, habitant du vilage de Dammartin et aussi ancien fermier de la ditte terre et seigneurie de Saulxures, lequel étant arrivé s'est offert de nous faire toutes les indications nécessaires de tous les héritages dépendant de la succession du dit feu Pierre de Malroy, en nous assurant qu'il en avoit une parfaite connoissance. »

Les jeudi 24, vendredi 25 et samedi 26 Juillet

les experts visitent les terres, prés, étang dépendant de la seigneurie de Saulxures avec l'aide de Boisselier et de François Lebland manouvrier à Saulxures et ancien laboureur et fermier du château, lorsque « vers les neuf heures du matin il leur est signiffié un arrest de la cour de Parlement qui fait deffense d'exécuter l'ordonnance de nomination de Me Richard. Nous avons renvoyé les dits indicateurs et leur avons payé pour leurs journée sçavoir au dit Boisselier pour trois jours la somme de neuf Livres et au dit Lebland pour deux jours celle de quatre Livres, lesquelles deux sommes leur ont été payées par nous dit Paulin, et nous nous sommes l'un et l'autre retiré, avons révoqué l'élection de domicile par nous faite au dit Saulxures, les pièces et le procès-verbal restés ez mains du dit Paulin. »

Mais le 28 Juillet, à 7 heures du matin, les experts reçoivent de Voilquin, huissier, la signification d'un arrêt de la cour, du 19 Juillet, qui leur fait sommation de continuer les opérations commencées.

Ils reprennent alors leur domicile chez Noël Génuel. Ils prennent la décision de ne pas arpenter les propriétés attendu qu'elles l'ont été par le sieur Jean-Nicolas-Robert Cagnard, géographe, demeurant à Bourbonne, suivant déclaration affirmée devant Me André, notaire, le 17 décembre 1773, par Pierre Boucheron le jeune, ancien admodiateur de la seigneurie de Saulxures.

Liste des Propriétés avec leur estimation

1° Saison du Pré des Bas, 35 journaux 14 perches, à 300 Livres le journal, 10.513 Livres ;

2° Les Sept Sillons, 3 journaux 1/2 27 perches, à 250 Livres le journal, 891 Livres 17 sols 6 deniers ;

3° L'Etang Vrain, 35 journaux 353 perches, à 120 Livres le journal, 4.305 L. 18 s. ;

4° Sur le Rolée, 2 journaux 280 perches, à 300 Livres le journal, 821 L. 5 s. ;

5° La Corvée du Marchais, 5 journaux 3/4 4 perches, à 270 Livres le journal, 1.555 L. 4 s. ;

6° La Corvée du Pré du Bois, 18 journaux, à 250 Livres le journal, 4.500 L. ;

7° La Petite Corvée, 6 journaux 93 perches, à 275 Livres le journal, 1713 L. 18 s. 9 d. ;

8° Le Sentier au Prêtre, 1 journal 1/2 90 perches, à 230 Livres le journal, 396 L. 15 s. ;

9° La Corvée du Sentier au Prêtre, 9 journaux 1/4 43 perches, à 200 Livres le journal, 1.871 L. 10 s. :

10° Au Journeaux Changé, 1 journal 50 perches, à 150 Livres le journal, 168 L. 15 s. ;

11° La Combe, 1 journal 360 perches, à 260 Livres le journal, 304 L. ;

12° La Combe, 190 perches, à 260 Livres le journal, 76 L. ;

13° La Combe, 1 journal 72 perches, à 160 Livres le journal, 198 L. 16 s. ;

14° La Corvée du Corperoy, 17 journaux 3/4 64 perches, à 280 Livres le journal, 5.014 L. 10 s. ;

15° Au Marchais Crié, 315 perches, à 280 livres le journal, 220 L. 10 s. ;

16° Au Trillon, 1 journal 1/4, à 300 livres le journal, 375 L. 17 s. ;

17° La Corvée de la Haye des Murs, 9 journaux 253 perches, à 270 livres le journal, 2.615 L. 15 s. 6 d. ;

18° En Lalliot, 306 perches, à 160 livres le journal, 144 L. ;

19° Le Champ du Vivier, 1 journal 68 perches, réuni à l'assencement du moulin ;

20° Au Marchais Crié, 6 journaux 9 perches, à 280 livres le journal, 1.686 L. 6 s. ;

21° La Garenne, 7 journaux 307 perches, à 150 livres le journal, 1.164 L. 19 s. ;

22° La Garenne (une vigne), 2 journaux 227 perches, à 150 livres le journal, 512 L. 10 s. ;

23° La Garenne (terre), 4 journaux 289 perches, à 150 livres le journal, 708 L. 7 s. 6 d. ;

24° La Brosse, 10 journaux 384 perches, à 120 livres le journal, 1.304 L. 14 s. ;

25° Aux Yaux, 4 journaux 170 perches, à 220 livres le journal, 983 L. 10 s. ;

26° Terre enclavée dans le Bois Chassot, 2 journaux 120 perches, à 150 livres le journal, 345 L. ;

27° La Corvée des Essarts, 26 journaux 394 perches, à 260 livres le journal, 7.016 L. 2 s. ;

28° Au Grand Jardin, 6 journaux 330 perches, à 300 livres le journal, 2.047 L. 10 s. ;

29° La Grande Corvée, 21 journaux 132 perches, à 300 livres le journal, 6.399 L. ;

30° La Corvée du Pré du Roroy, 10 journaux 352 perches, à 280 livres le journal, 3.046 L. 8 s. ;

31° L'Eguillon, 13 journaux 220 perches, à 290 livres le journal, 3.929 L. 10 s. ;

32° Au Chânê, 3 journaux 375 perches, à 220 livres le journal, 866 L. 5 s. ;

33° Au Chânê, 358 perches, à 220 livres le journal, 196 L. 18 s.,

34° En la Combe, 376 perches, à 220 livres le journal, 173 L; 16 s. ;

35° En Mornière, 447 perches, à 200 livres le journal, 223 L. 10 s. ;

36° En Mornière, 186 perches, à 200 livres le journal, 93 L. ;

37° Aux Herbues, 193 perches, à 200 livres le journal, 96 L. 10 s. ;

38° Aux Herbues, 240 perches, à 200 livres le journal, 120 L. ;

39° Aux Herbues, 1 journal 218 perches, à 160 livres le journal, 247 L. 4 s. ;

40° Derrière la Haye du Chemin, 162 perches, à 160 livres le journal, 46 L. 16 s. ;

41° Aux Hayes, 1 journal 165 perches, à 200 livres le journal, 282 L. 10 s. ;

42° Sur la Voye de Bourbonne, 276 perches, à 200 livres le journal, 138 L. ;

43° Au Prés des Bas, 4 journaux 218 perches, à 300 livres le journal, 1.363 L. 10 s. ;

44° En Chapelot, 1 journal 244 perches, à 300 livres le journal, 483 L. ;

45° En la Corvée Béray, 6 journaux 145 perches, à 260 livres le journal, 1.618 L. ;

46° Au Trillot, 6 journaux 13 perches, à 240 livres le journal, 1.447 L. 6 s. ;

47° Au Partage, 14 journaux 271 perches, à 230 livres le journal, 3.375 L. 16 s. 6 d. ;

48° La Corvée sur Pré Renault, 21 journaux 229 perches, à 240 livres le journal, 5.177 L. 18 s. ;

49° En la Vignotte, 393 perches, à 240 livres le journal, 225 L. 19 s. 6 d. ;

50° Dessous le Grand Pré, 1 journal 6 perches, à 230 livres le journal, 233 L. 9 s. ;

51° La Corvée des Tournières, 29 journaux 389 perches, à 240 livres le journal, 7.193 L. 8 s. ;

52° Montépron, 242 perches, à 140 livres le journal, 49 L. 14 s. ;

53° Montépron, 126 perches, à 140 livres le journal, 47 L. 5 s. ;

54° En Rougé, 1 journal 154 perches, à 200 livres le journal, 277 L. ;

55° Champ Ribault, 257 perches, à 230 livres le journal, 147 L. 15 s. 6 d. ;

56° La Corvée du Champ Ribault, 18 journaux 112 perches, à 250 livres, 4.570 L. ;

57° La Corvée du Champ Ribault, 139 perches, à 250 livres le journal, 79 L. 18 s. 6 d. ;

58° Le Haut des Fourches, 1 journal 240 perches, à 200 livres le journal, 320 L. ;

59° La Corvée Béray, 3 journaux 272 perches, à 310 livres le journal, 1.140 L. 16 s. ;

60° Pré des Bas, 189 perches, à 310 livres le journal, 122 L. 17 s. ;

61° Au Partage, 25 journaux, à 290 livres le journal, 7.250 L.

Prés

62° Le Pré du Vivier, 1 fauchée 78 toises, à 300 livres la fauchée, 358 L. 10 s. ;

63° Le Vieu Etang, 5 fauchées 43 toises, à 600 livres la fauchée, 3.064 L. 10 s. ;

64° Pré Culley, 1 fauchée, à 400 livres la fauchée, 400 L. ;

65° Pré du Bois, 7 fauchées 375 toises, à 350 livres la fauchée, 2.778 L. 2 s. 6 d. ;

66° Pré Renault, 8 fauchées 1/4, à 500 livres la fauchée, 4,122 L. 10 s. ;

67° Pré Saucey, 2 fauchées 246 toises, à 400 livres la fauchée, 1.046 L. ;

68° En la Vesvre, 220 toises, à 400 livres la fauchée, 358 L.;

69° Aux Tournières, 4 fauchées 312 toises, à 350 livres la fauchée, 1.673 L. ;

70° Au Pré du Breuil, 9 fauchées 27 toises, à 550 livres la fauchée, 4.977 L. 10 s. ;

71° Au Pré du Breuil, 1 fauchée 100 toises, à 650 livres la fauchée, 812 L. 10 s. ;

72° Au Peux, 250 toises, à 600 livres la fauchée, 375 L. ;

73° En Mombreuil, 1 fauchée 6 toises, à 400 livres la fauchée, 406 L. ;

74° A la Passée, 140 toises, à 400 livres la fauchée, 87 L. 10 s.;

75° Au Pentel, 1 fauchée 20 toises, à 600 livres la fauchée, 630 L. ;

76° En Morfontaine, 100 toises, à 600 livres la fauchée, 630 L.;

77° Le Pré du Combre, 11 fauchées 3/4, à 400 livres la fauchée, 4.700 L. ;

78° Une chenevière de 90 toises, à 40 sols la toise, 180 L.

78° L'Etang Gomard ou Godmard, avec les prés tant sur la chaussée d'icelle, la petite maison et les prés à côté et à la queue, 30.090 Livres. *Et le dit jour, samedi deux août toutes lesquelles terres, prés et héritages nous avons vù, visité et estimé comme dessus, fait et arrêté au dit Saulxures les jours, mois et an que dessus, avons renvoyé le dit Boisselier et lui a été payé par le dit sieur Paulin la somme de 18 Livres pour six journées et remis la suite des opérations à lundy prochain au lieu de Malroy.*

Ainsi l'estimation des biens de la seigneurie de Saulxures a duré du 27 juin au 2 août inclus. Cela se paiera assez cher comme on le verra plus tard.

Nous avons tenu à mentionner toutes les propriétés avec leur estimation qui se monte à cent soixante-quinze mille francs pour permettre aux cultivateurs d'aujourd'hui de faire des comparaisons avec les prix actuels. On peut dire qu'ils sont à peu de chose près les mêmes, après avoir été, à un certain moment, beaucoup plus élevés.

Ainsi de 1872 à 1875, on a vu payer certaines contrées de terres labourables 500 francs et même plus le journal, tandis que la plus forte estimation en 1783 est de 300 Livres le journal ou 75 centimes la toise ou perche. — Pour les prés, la plus forte estimation en 1783 est de 600 Livres la fauchée ou 1 fr. 50 la toise, tandis qu'on a payé jusqu'à 2.000 et même 2.400 francs la fauchée, c'est-à-dire 5 et 6 francs la toise.

L'étang Godmard, converti en prairie, a été vendu 45.000 francs, puis 31.000 et, en dernier lieu, 26.000 francs.

On connaît les prix d'aujourd'hui. On achète couramment des terres à 100 francs le journal et des prés à 300 francs la fauchée.

On croyait que la baisse du loyer de l'argent aurait fait hausser la valeur des propriétés foncières, mais il n'en a rien été jusqu'à présent. Cela tient à la dépopulation des campagnes qui s'accentue de plus en plus. La population de Saulxures qui était, en 1790, de 449 habitants, est tombée, au dernier recensement en 1896, à 288 habitants.

Cela n'est pas étonnant. On compte à peine un mariage par an dans la commune et, les trois quarts du temps, les nouveaux mariés quittent le pays, l'un des deux étant étranger. Il y a, en ce moment, 32 garçons et filles à marier et pas un mariage en perspective. C'est un peu et même beaucoup la faute des parents qui ne tiennent aucun compte des inclinations des jeunes gens et qui, comme on l'a vu plusieurs fois naguère, refusent leur consentement soit au fiancé, soit à la future, suivant les cas, pour quelques champs qu'ils possèdent de plus l'un ou l'autre.

Ces parents comprennent mal leurs intérêts. Ils ne considèrent pas que leurs terres doubleraient et même tripleraient de valeur s'il y avait, chaque année, quelques ménages nouveaux de jeunes cultivateurs qui, commençant modestement avec les avances faites par leurs parents, en terres, bétail et chevaux, agrandiraient chaque année leur lot, soit en faisant des acquisitions lorsque l'occasion s'en présenterait, soit en prenant des fermages.

Espérons que leurs idées changeront et que, d'ici peu, M. le Maire aura le plaisir de ceindre son écharpe pour procéder à un grand nombre de mariages.

Inventaire des terres de la Seigneurie de Malroy

Le lundi, 4 août, les experts se rendent à Malroy, mais le sieur de Brondeau qui les attendait leur déclare qu'il désire que les opérations soient discontinuées jusqu'à ce que la cour ait statué sur les oppositions aux arrêts.

Les experts se retirent après avoir signé leur procès-verbal.

Les mêmes experts, Pierre Paulin, géomètre et arpenteur pour le Roy en la maîtrise des eaux et forêts du Bailliage et ancien ressort de Sens, en résidence à Langres, et Nicolas Richard, notaire royal et arpenteur en la prévôté de Coiffy-le-Château (Coiffy-le-Haut), se réunissent de nouveau à Malroy le 19 avril 1784, en exécution de l'arrêt de la cour du Parlement du 6 septembre 1783.

Ils font élection de domicile en la maison du sieur Antoine Boucher, bourgeois, « la seule où il soit possible de loger.

« Et le dit jour 19 avril 1784, à une heure après midy, sont comparus le sieur Claude-Louis Brondeau, écuyer, dame Louise-Victorine de Susleau de Malroy, son épouse, et Marie-Elisabethe de Susleau de Malroy, demoiselle majeure, demeurant à Chaalons-sur-Saône, par Me François-Alexis Brocard, avocat exerçant au bailliage royal de Lamarche diligenté exprès; lesquels nous ont représenté l'original d'un acte signiffié par l'huissier Gouvenot le six du présent mois d'avril à Me André, procureur à Lamarche et celui du sieur Claude-Bernard de Susleau de Malroy, seigneur de Saulxures, y demeurant, par lequel il a été sommé de se rendre cejourd'huy au dit de Malroy et au dit domicile par nous élû pour être présent aux dittes opérations, faire les observations et judications nécessaires et nous remettre tous titres papiers et renseignements autres que ceux par lui produit l'année dernière et dont nous pourrions avoir besoin et après que les dits sieur et dames comparans par le dit Me Brocard nous ont observés que toutes les maisons du vilage du dit Malroy à l'exception de celle du dit sieur Boucher, tous les bois, toutes les terres labourables et toutes les prairiesdu finage de Malroy dépendent en pleine propriété de la seigneurie du dit lieu et qu'ils persistent dans les observations, réquisitions, réserves et protestations cy-devant faites, nous ont requis de procéder aux estimations en détail et même par défaut contre le dit sieur de Malroy s'il ne compare n'y personne pour lui. Et après avoir attendu un long espace de temps, qu'il est plus de deux heures de relevée sans que le dit sieur de Malroy n'y personne pour lui se soit présenté, nous experts susdits avons commencé nos dittes opérations par l'examen des titres et papiers qui concernent la susdite terre de Malroy, et l'heure de huit du soir étante survenue, nous avons remis la continuation de l'examen à demain mardy vingt du présent mois à sept heures du matin. »

Les experts continuent l'examen des pièces pendant toute la journée du 20 avril. Le lendemain ils procèdent à la visite et à l'estimation du château et des autres propriétés appartenant à la Seigneurie de Malroy.

Voici la description du château de Malroy, moins brillante encore que celle du château de Saulxures :

« Un château, jardin, colombier et dépendances contenant en totalité 2 journeaux 550 toises consistant en un corps de bâtiment construit en pavillon et un petit ajouté à côté, le tout composé de cinq chambres dont deux sont habitées par un jardinier, les trois autres inhabitables à cause du mauvais état où elles sont, un coridore au milieu du bâtiment, un grenier sur les appartements habités, le tout imparfait et en très-mauvais état, couvert de paille, plus une chambre à four sur laquelle il y a une volière et point de pigeons dedans, construit aussi en pavillon et séparée du dit château lequel est couvert en tuille, un autre corps de bâtiment composé de grange, écurie couverts en tuille creuse, ainsi séparée du dit château avec une place aisances au devant du dit château, un jardin potager derrière, estimé le tout ensemble à trois mille Livres. »

La maison de ferme, jardin et verger de la contenance de cinq journaux, y compris un pré enclos de haie vive est estimée à 3.500 Livres, à cause du terrain qui l'environne.

Une troisième maison a été vendue 850 Livres

plus « un cens annuel et perpétuel de deux chapons gras, vifs et en plume ».

La Seigneurerie de Malroy possédait aussi un moulin banal sur le ruisseau de Malroy, mais il était totalement détruit lors du décès du sieur de Malroy père et Jeangon Henryot l'avait reconstruit en conséquence d'un assencement de 59 années du ruisseau de Malroy, de 466 toises de pré et de 80 toises de chenevière, moyennant une redevance annuelle de 32 Livres 15 sols d'une sorte, et cinq sols et deux chapons d'autre sorte.

Le 22 avril les experts font l'estimation des droits de taille, de corvées de charrues et de bras, etc.

Ces droits sont plus élevés qu'à Saulxures. En voici le détail :

« Droits Seigneuriaux. — Chaques habitants ou maison tenans doivent à la Seigneurie une taille réelle et seigneurialle de 15 sols tournois et deux poulles. Il y a quinze habitans sçavoir Jeangon Henryot, munier ; Louis Thomas, laboureur ; Jean Michelin, bourrelier ; Jean Thomas, laboureur ; la veuve de Pierre Thomas, aussi laboureur ; le sieur Antoine Boucher ; la veuve Joseph Mercier ; Louis Henryot ; Jean Lambert ; Jean Cofinet ; François Toussaint ; Dominique Seurot ; Etienne Boucher, jardinier et la veuve de Georges Geoffroy, ce qui fait en argent onze Livres cinq sols et trente poulles à dix sols chacune, 26 Livres 5 sols. »

« Chaques habitans doit pour bichet de four un bichet de bled et un d'avoine, mesure de Choiseuille et deux deniers. Les veuves ne doivent que la moitié. Il y a douze hommes et trois veuves, 118 Livres 16 sols 27 deniers. »

« Chaque laboureur doit quatre corvées de charue et quatre de bras par année. Il y a cinq laboureurs ce qui fait vingt corvées de charue et vingt de bras, les corvées de charue évaluées à 40 sols l'une et les corvées de bras à dix sols l'une, et pour les manouvriers font 40 corvées de bras à dix sols l'une, 70 Livres. »

« Tous habitans qui vend vin doit une quarte de vin par tonneau, mais le lieu n'étant point passager, cet article est icy tiré pour mémoire. »

« Tous habitans qui vendent beste mâle doivent par chaque année deux deniers et les femelles un denier et par chaque livre pesant de denrée quatre deniers, mais ce droit nous paraît tombé en désuétude. »

« Tous habitants doivent le quatorzième fruit recueillir dans leurs héritages tenant à leurs maisons ; aussi abandonné. »

« Il est dû un sol pour livre des lots et ventes sur toutes les maisons et dépendances et depuis peu d'années il y en a douze qui appartiennent à des particuliers et sujettes à ce droit. On peut les estimer, l'une valant l'autre, à 800 livres ; en supposant une mutation, en vingt années, cela ferait un annuel de deux livres et pour douze maisons, cela fait 24 livres par an. »

Cens. — Il est dû, par cinq habitans pour les maisons qu'ils occupent, un cens de 37 livres, dix sols, onze chapons et deux poulets, et un autre cens de 171 livres, 4 sols et 14 chapons par divers.

Droits honorifiques. — « Tous lesquels droits de corvée produisent 276 livres, cinq sols, trois deniers, ce qui donne un capital au denier vingt de 5525 livres. »

« Il appartient à la ditte Seigneurie le droit d'haute et basse justice, épaves, confiscations, amandes de pesche et de chasse et autres droits honorifiques que nous estimons à la somme de 1200 livres. »

Estimation des Propriétés

Le Samedi, 24 Avril, les experts reprennent comme indicateur, Boisselier, de Dammartin et vont visiter le fief Cœugney, pièce de vigne située sur le finage de Beaucharmoy. Ils en font l'arpentage et y trouvent 32 ouvrées, mesure de Bourbonne, qu'ils estiment 768 livres, soit 24 livres l'ouvrée. Puis ils remettent la suite de leurs opérations au Lundi, 26 Avril.

« Et le Lundy, 26 Avril 1784, après avoir séjourné, nous le dit Paulin, au dit Malroy et le dit Richard, s'être retiré au dit Coiffy en son domicile, nous, experts susdits, nous étant rassemblés au dit Malroy et étant dépourvus de deniers suffisants pour parvenir à la suite et continuation des dittes opérations quoiqu'aux termes de l'arrest du six septembre dernier à nous signifié le 28 février dernier il ayt dû être consigné entre nos mains une somme de douze cents livres et quoique dès le 19 de ce mois il ayt été à notre requête fait sommation au sieur et dame Brondeau et à la demoiselle de Malroy poursuivant de faire faire entre nos mains la consignation ou avance de la susditte somme jusqu'à ce jour n'y l'une n'y l'autre des parties n'ont tenus compte d'y satisfaire pourquoy ne pouvant continuer les dittes opérations n'y payer les journées des indicateurs qui nous sont nécessaires, nous nous sommes ce présent jour transportés à Lamarche ou étant et arrivé et y ayant rencontré Me Durand Laîné, avocat des dits sieur et dame Brondeau poursuivant qui nous a déclaré qu'il était en diligence pour faire contraindre le sieur de Malroy à consigner en nos mains la susdite somme de douze cent livres, qu'il n'avait pu encorre parvenir, cependant pour empêcher la discontinuation des dittes opérations que nous étions sur le point de faire, il nous a compté la somme de six cent livres suivant la quittance particulière que nous lui avons laissé et de laquelle somme nous dit Paulin avons pris celle de quinze louis d'or et nous le dit Richard, celle de dix louis d'or, ensuite nous le dit Paulin nous nous sommes retourné au dit Malroy et nous dit Richard sommes resté à Aigremont pour nos affaires particulières ne pouvant nous rendre au dit Malroy que demain 27, deux heures de relevée pendant lequel tems nous dit Paulin nous nous serions occupé à examiner le bois avec nos indicateurs cy-après nommés. »

Le 27 avril, l'expert Richard étant arrivé, Paulin et lui prennent comme indicateurs, Dominique Seurot, de Malroy, et Nicolas Boisselier, de Dammartin, ancien régisseur de la terre de Malroy et ancien fermier de Saulxures.

Ils commencent l'arpentage des terres, prés, étang et bois de la Seigneurie de Malroy et continuent les jours suivants pour teminer le vendredi 7 mai.

« Le samedi 8 du dit mois ne pouvant rester au dit Malroy faute de logement suffisant et convenable nous avons faits transporter par les dits indicateurs tous les dits titres et instruments nécessaires au dit Coiffy, domicile du dit Me Richard l'un de nous auxquels indicateurs il a été payé par le dit Paulin pour leurs journées et voyages la somme de 49 livres 15 sols, en conséquence de quoy nous les avons renvoyé. »

Le même jour, au domicile de Me Richard, les experts commencent à procéder à l'estimation des propriétés qu'ils ont arpentées. Cette opération est terminée le samedi 15 mai.

En voici le résultat : Terres laboulables, 324 journaux, mesure de Choiseul, c'est-à-dire le journal de 600 toises, la toise de huit pieds trois pouces de Roy. L'estimation en est de 110,900 livres, soit 342 livres le journal.

C'est le même prix qu'à Saulxures où le journal n'est que de 400 toises (28 ares).

Il est à remarquer qu'il n'y a pas de petites parcelles. Chaque contrée appartient entièrement à la Seigneurie. En voici les exemples :

La Garenne, 69 journaux, 251 toises, 20,700 livres ;

Sur le Pré Tayan et le Rupt Sergent, 21 journaux, 9,300 livres ;

La Grande Corvée, les Champs Blancs et sur le Rupt Sergent, tous joignants et contigus, cent journaux 308 toises, 40,100 livres ;

Les Champs Blancs. les Vieux Prés dessus l'Étang Chatin et les Essarts, tous contigus, 76 journaux, 286 toises, 32,150 livres ;

Le Tremblois, le Pâtis, la Tournière des Acruë, 33 journaox, 364 toises, 5,550 livres ;

Prés. — 75 fauchées estimées 21,833 livres, soit environ 287 livres la fauchée, moitié prix des prés de Saulxures ;

L'Étang Chatin est estimé quatre mille livres ; le bois Chanoy, contenant 72 arpents, est estimé 16,220 livres.

Le total de l'estimation des terres, prés, étang, vignes et bois est de 153,721 livres.

Les opérations étant terminées à Malroy, Paulin se retire en la ville de Langres, son domicile où Me Richard doit le rejoindre le lundi 17 mai pour partir ensemble le lendemain à Boussenois.

Terre de Boussenois

Le 18 mai 1784, les experts Paulin et Richard partent de Langres et arrivent dans l'après-midi à Boussenois, distant de six lieues.

Ils élisent domicile chez le sieur Contet, où ils reçoivent la visite de Me Antoine Noël, procureur au Bailliage et siège présidial de Langres, fondé de pouvoirs des sieur et dame de Brondeau et demoiselle de Malroy.

Celui-ci les requiert de procéder aux estimations « du mobilier de Boussenois, du château et dépendances d'iceluy, jardin, colombier, remises, écuries voûtées, maison de fermier, deux pressoirs banneaux, de deux moulins, d'un bois de plus de trente arpents, des noyers qui font l'allée depuis le château jusqu'à la vigne appelée Ligneret, de la ditte vigne, des droits seigneuriaux, de tierces sur les terres de commune, de corvées cens lots et ventes, terres, prés, vignes, chenevières et généralement de tout ce qui appartenait à deffunt M. de Malroy au dit Boussenois, qu'à cet effet nous ayons à nous faire représenter par M. de Malroy fils les inventaires, titres, papiers et dénombrements du dit Boussenois et à deffaut de représentation des dits titres que nous ayons à procéder à l'estimation de tous les objets en détail conjointement avec les indicateurs qu'il nous plairait de choisir, à l'estimation des biens après un arpentage préalable.

« Et l'heure de huit du soir étant arrivée, nous experts susdits avons renvoyé la suite de nos opérations à demain heure de sept du matin, avons renvoyé Jullien voiturier auquel nous avons payé la somme de Douze Livres. »

Le lendemain les experts visitent le château de

Boussenois en présence de Cézard, régisseur, qui leur ouvre les portes.

Ce château, bien plus confortable que ceux de Malroy et de Saulxures est estimé dix-huit mille Livres. Il comprend « un corps et deux ailes de bâtiments le tout couvert en thuile, composé au rez-de-chaussée d'une salle à manger, d'un salon de compagnie, d'une chambre de maître avec deux cabinets, d'une cuisine office et une boucherie, d'un corridor séparant la cuisine des appartements dans lequel il y a un escalier en pierre avec rampe de fer jusqu'au premier et ensuite en bois jusqu'au grenier.

Le premier est composé de six chambres à feu, quatre cabinets, greniers reignants sur le tout, charpentes et couvertures en bon état, grande cour au couchant du dit château en laquelle il y a un vivier ou réservoir et arosé d'un bon ruisseau qui fourni de l'eau en tout tems ; au bout d'icelle cour deux vinées, greniers dessus, lit à porc, petite basse-cour pour la volaille et colombier ; au nord un poulalier, une chambre à four, un chenil, le tout contenant 3 journaux 86 toises mesure de Bourgogne, le journal de 360 toises, la toise de neuf pieds six pouces de Roy, estimé nous ayant parû nouvellement recouvert et en partie reconstruit, dix-huit mille Livres.

Les experts ont amené avec eux comme indicateur Nicolas Boisselier, de Dammartin.

De même qu'à Saulxures et à Malroy ils ne trouvent ni le sieur de Malroy ni aucune personne chargée par lui de leur remettre les pièces dont ils ont besoin pour procéder à l'inventaire.

Le fermier Berthelemy Perron leur déclare que Pelletier son prédécesseur ne lui a pas encore remis la déclaration de tout ce qui compose le domaine et le régisseur Cézard leur déclare aussi n'avoir charge ni commission de leur donner aucun renseignement.

En conséquence ils commencent l'inventaire du mobilier du château « et l'heure de sept du soir étante survenue nous avons remis la suite des dittes opérations à vendredy prochain vingt-et-un may présent mois heure de sept du matin à cause de la fête de Lascention de nôtre Seigneur qui arrive demain, lequel joûr nous séjournerons au dit Boussenois. »

« Et le dit jour attendu qu'il ne nous a été remis aucuns titres déclarations n'y renseignements par le dit sieur de Malroy concernant la ditte terre de Boussenois n'y personne de sa part et qu'il est cependant d'une nécessité indispensable de nous procurer des renseignements suffisants pour connaître le domaine, que d'ailleurs il nous a parut qu'il serait difficile de trouver au dit Boussenois des indicateurs de bonne volonté, nous experts susdits avons envoyé le dit Boisselier notre indicateur au lieu de Foncegrive chez le sieur Pelletier fermier sortant présentement domicilié au dit Foncegrive à l'effet de l'inviter à nous remettre tous les renseignements concernant la ditte terre et de venir nous faire les indications dont nous pourrions avoir besoin et avons continué nos opérations. »

Le mobilier est assez confortable. Son estimation se monte à 3400 Livres. Il comprend beaucoup de literie en bon état, des fauteuils, canapés, tentures, quelques glaces de 60, 80 et 120 Livres, et même « un bidet de toilette couvert en maroquin, garni de sa cuvette de fayance et éponge, avec deux tables de nuit, prisé le tout trente livres. »

« Et cejourd'huy 22 mai sur avis que nous

avons eu le jour d'hier que les gardes de la seigneurie avaient ordre de veiller à nos démarches et principalement de reconnaître et nous suivre de près lorsque nous entrerons dans les héritages emblavés soit de la Seigneurie ou autres et d'en faire leur rapport au greffe de la justice du dit lieu, ce qui nous a déterminé à envoyer le dit Boisselier notre indicateur à Langres pour informer le fondé de procuration des sieur et dames poursuivants de ce projet qui ne nous paroit avoir été imaginé que pour troubler nos opérations et les retarder s'il était possible, afin qu'il ayt à faire signiffier, dire et requérir ce qu'il conviendra. »

Le lundi 24 mai, les experts, accompagnés de leurs indicateurs Boisselier, de Dammartin, et Pelletier, de Foncegrive, ancien fermier de Boussenois, procèdent à l'estimation de la maison du fermier prisée trois mille Livres y compris le pressoir banal qui se trouve dans la cour, puis d'un autre pressoir banal qui se trouve dans un petit bâtiment situé au milieu du village prisé mille Livres.

Ils examinent ensuite en détail les terres de la Seigneurie. Cet examen se termine le 28 mai. « Nous avons renvoyé le sieur Pelletier et lui avons payé la somme de 24 Livres, qui n'a voulut nous indiquer qu'à ces conditions. »

Paulin paie ensuite trois Livres à Simon Contet, laboureur, qui a servi de porte-chaine pour le bois de la Seigneurie et 33 Livres à Boisselier pour six journées.

« Et cejourd'huy 29 mai nous experts susdits étant en état d'opperer sans indicateurs que nous avons renvoyé, attendû la difficulté de nous procurer un logement convénable au dit Boussenois et les choses nécessaires à la vie, que d'ailleurs la santé du dit Me Richard ne lui permet pas de pouvoir rester ainsy que celle de nous dit Paulin, nous nous sommes retiré en la ville de Langres au domicile du dit Paulin et y avons fait transporter tous les susdits titres, papiers, instruments par Gradelet, meunier au dit Boussenois auquel il a été payé par nous dit Paulin la somme de trois Livres douze sols et vingt sols de déboursée pour sa nourriture et celle de sa bête *asine* et avons remis la suite des dittes opérations à lundy prochain 21 du présent mois heure de six du matin. »

Le jour dit les experts établissent leurs estimations ainsi qu'il suit :

« Deux moulins avec trois journaux 50 toises de terre, trois quartes de pré et 40 noyers plantés le long du bief, 4300 Livres ; une petite maison avec une vigne de sept ouvrées, 900 livres. »

Les terres labourables forment un total de 339 journaux de 360 toises, la toise de neuf pieds six pouces de Roi.

Elles sont divisées en une infinité de parcelles dont beaucoup ne valent pas cent Livres et dont la plus grande, contenant 18 journaux, est estimée 2500 Livres. La plus importante ensuite ne contient que sept journaux. Leur estimation totale est de 33.203 Livres dix sols, soit cent francs le journal, prix inférieur de plus de moitié aux prix de Saulxures et de Malroy. Il y a encore 60 journaux de terres en friches qu'ils mentionnent pour mémoire, mais dont ils estiment qu'on pourrait tirer parti en les cultivant.

L'estimation des prés est de 15.855 Livres pour 36 fauchées divisées en dix parcelles dont la plus forte est estimée 6.400 Livres et contient 8 fauchées seulement. Le prix moyen de la fauchée est de 440 Livres, à peu près égal au prix de Saulxures et supérieur d'un tiers au prix de Malroy.

Les vignes contiennent 167 ouvrées estimées 6.865 Livres, soit 41 fr. 10 l'ouvrée. Elles sont divisées en onze parcelles dont une de 40 ouvrées, estimée 2.050 Livres ; une autre de 22 ouvrées 1/2, estimée 1.200 Livres, deux autres de 20 ouvrées chacune, estimées 1.200 et 525 Livres. La plus petite est de quatre ouvrées, estimée 120 Livres.

Le bois est estimé 4.500 Livres. Il contient 30 journaux 10 toises.

Il y a encore 8 journaux de broussailles, estimées 60 Livres.

Les cens sont de 50 Livres par an, soit un capital de mille Livres.

Dîme et Droits seigneuriaux

En dehors de la dîme qui est de deux gerbes par journal, les droits seigneuriaux représentent un capital de 7.710 Livres. En voici l'énumération :

« Il apartient à la ditte Seigneurie et dans toute l'étendue de son territoire tous droits de haulte, de moyenne et basse justice, droits honorifique de chasse que nous estimons valloir trois mille Livres ; taille réelle et seigneuriale de cinq sols par habitans ; chaque habitant doit deux jours de corvée pour les vendanges ; chaque laboureur doit trois jours de corvée de charue ; chaque manouvrier doit aussi trois jours de corvée aux fenaisons. »

En résumé, la valeur totale de la terre de Boussenois était de 99.812 Livres 10 sols, en comptant les cens et les droits seigneuriaux, le château, les maisons, les moulins et le mobilier.

Les droits seigneuriaux sont à peu près les mêmes dans chaque localité.

Les seigneurs n'avaient d'ailleurs plus guère de temps à en jouir.

En 1790, le sieur de Susleau de Malroy voulut faire payer ces droits aux habitants de Saulxures pour 1789 ; nous dirons plus loin, en reproduisant les procès-verbaux des assemblées générales de la commune, en quels termes ses prétentions furent rejetées par le peuple auquel la Révolution de 1789 avait donné un commencement d'émancipation et qui se trouvait heureux de pouvoir secouer le joug du despotisme.

Fin des opérations. — La carte à payer

Revenons à nos experts dont la tâche est terminée. « Et le dit jour 7 juin au moment où nous étions sur le point de clore le présent procès-verbal s'est présenté le dit Me Noël procureur au dit nom qui a déclaré qu'il faisait toutes protestations de fait et de droit contre nos opérations et estimations en ce que 1o n'ayant pas fait l'arpentage du tout et nous en étant raporté à une déclaration fournie par un ancien fermier, il peut se trouver une quantité de terres, prés et vigne plus considérable que celle cy-dessus raportée, que d'ailleurs le deffaut de représentation de titres de la part du sieur de Malroy nécessitait cet arpentage ; 2o que nos estimations pouvaient bien être au-dessous de la valleur des objets estimés notament les cens eut égard à ce qu'il y a droit de retenue, rémérages, lots et ventes et amandes à deffaut de payement ; 3o que le deffaut de représentation de titres a dû nécessairement occasionner des obmissions considérables ; 4o et que lors du décès du sieur de Malroy père il y avait beaucoup de danrées de toutes espèces et qu'il ne paroit pas qu'il s'en soit trouvé au château de Boussenois lors de nôtre visitte. »

Voilà donc nos experts qui ont travaillé du 19 avril au 7 juin pour voir contester par leurs mandants la validité de leurs opérations, mais cela ne les émeut ni peu ni prou. Ils passeront quand même à la caisse.

« Et nous experts susdits sommes convenus attendû la fin des dittes opérations que le dit Me Richard s'en retournera demain en son domicile à Coiffy-le-Château et qu'attendû que le dit Paulin se trouve incommodé d'un mal de reins, qu'il ne peut se mettre en campagne pour aller à Lamarche déposer et affirmer avec le sieur Richard le présent procès-verbal et ceux de Saulxures et de Malroy, il est convenu qu'aussitôt que le dit Paulin pourra voyager, il informera le dit Me Richard du jour qu'il pourra se rendre à Lamarche à l'effet de faire les dits déport et affirmation pendant lequel tems le dit Me Richard pourra faire à Saulxures les vérifications qu'il doit faire en vertu de l'ordonnance de M. le Lieutenant-Général de Lamarche du 12 juillet dernier. »

« Le rapport et procès-verbal ci-contre a été produit par devant nous Nicolas-Henry de Thabouret, Lieutenant-Général au Bailliage royal de Lamarche, juge commis en cette part cejourd'huy 13 juillet 1784 et après que lecture leur en a été faite à haute et intelligible voix ils l'ont affimé véritable en tous ses points et articles, juré et affirmé avoir procédé en leur âme et conscience à toutes les opérations et estimations y contenues par devant nous et en présence de notre greffier et en conséquence ont remis ez mains de notre dit greffier le dit rapport et procès-verbal, toutes les pièces dont ils ont été chargés pour les dittes opérations desquels dépost et affirmation nous leur avons donné acte et ayant requis taxe, nous avons taxé au dit sieur Paulin tant pour 99 journéès par lui employé y compris celles employées avec Claude Louviol que pour les avances, voyages particuliers et déboursées par lui fait aux indicateurs, papiers et autres objets au contenu du mémoire séparé des présentes et de lui signé, lequel demeurera jointe à notre présente ordonnance la somme de 1.204 Livres cours de France et au dit sieur Richard pour 73 jours 1/2, 735 Livres. »

En ajoutant la somme touchée par Louviol, on est loin de la provision de 1.200 Livres qui devait être déposée.

La copie de ce rapport qui contient 644 pages de papier timbré aux armes de Lorraine et Bar a dû aussi se payer un bon prix.

Si l'on y ajoute les frais des arrêts multiples de la cour du Parlement, des ordonnances de M. le Lieutenant-Général, des exploits d'huissiers, des réquisitions et protestations de MM. les procureurs et fondés de pouvoirs, on peut dire que pour un inventaire, celui-là a coûté cher quoique la validité en soit contestée par les deux parties.

DEUXIÈME PARTIE

MUNICIPALITÉ DE SAULXURES-LES-BEAUCHARMOIS

Extraits du registre des actes d'assemblées, de février 1790 à 1795

Élection de la Municipalité

Le 28 février 1790, à 8 heures du matin, eut lieu l'élection de la nouvelle municipalité, conformément à l'instruction de l'assemblée nationale du 14 décembre, sur le décret du 12 novembae 1789. Une première réunion tenue le cinq du même mois avait été annulée pour infraction au décret ci-dessus. La réunion n'avait pas été annoncée huit jours à l'avance. Elle avait été faite sans dénombrement, sans liste des citoyens actifs, sans appel nominal, sans prestation de serment, etc.

La population de Saulxures était alors de 449 habitants, dont 75 citoyens actifs (de 18 à 50 ans). La réunion annoncée 8 jours auparavant eut lieu à l'église.

A l'appel nominal, 44 seulement étaient présents.

La nouvelle municipalité devait comprendre : Un maire, deux officiers municipaux, un procureur et six notables.

Le sieur François Maugras, cy devant syndic municipal, fut élu maire par 40 voix. Ensuite la séance fut remise à deux heures après-midi.

Il s'y trouva 52 citoyens actifs. Furent élus :

1er Officier municipal : François Moussu, par 32 voix ;

2e Officier municipal : Félix Aubert, par 30 voix ;

Procureur de la commune : Nicolas Boucheron, par 35 voix ;

Notables : Christophe Chaffaut, 41 voix ; Sébastien Thenard, 33 ; Jacques Petit, 32 ; Joachim Horiot, 31 ; Jean Mortet, 27 ; Nicolas Nargent, 25.

Voilà donc la composition du premier Conseil municipal élu après la révolution de 1789.

Il est à remarquer que le Seigneur de Malroy n'y figure pas.

Après l'élection, le Maire et les autres membres du corps municipal ont prêté le serment de maintenir de tout leur pouvoir la constitution du royaume, d'être fidèles à la nation, à la loi et au Roy et de bien remplir leurs fonctions.

Le 21 mars le Conseil général de la commune n'ayant pas encore de lieu fixe pour tenir ses séances, se réunit au presbytère pour choisir un secrétaire-greffier.

Antoine Joudot est nommé à l'unanimité. Il accepte et prête le serment exigé.

Le corps municipal ou Conseil général de la commune n'était pas convoqué par le Maire, mais par le Procureur de la commune qui soumettait à l'Assemblée les questions à l'ordre du jour. Les arrêtés étaient pris d'après son rapport et ses réquisitions.

Le Procureur provoquait aussi les réunions des citoyens actifs qui étaient réunis en Assemblées générales par le Maire et les Officiers municipaux.

On pourrait formuler aujourd'hui les mêmes plaintes qu'à cette époque comme on va le voir par le procès-verbal suivant :

« L'an 1790, le 25 mars, la municipalité de Saulxures-les-Beaucharmoy s'étant assemblée ce dit jour, heure de 8 du matin, le Procureur de la commune a dit :

« 1° qu'il avait remarqué qu'on anticipait sur les pâtis, qu'on ne laissait pas aux chemins leur largeur et que des particuliers s'emparaient des terrains appartenant à la commune et y bâtissaient ;

« 2° que les rues étaient embarrassées et qu'on n'y pouvait passer avec liberté et aisance ;

« 3° que la plupart des cheminées étaient mal en ordre et n'étaient point assez élevées au-dessus des toits qui sont couverts de paille ;

« 4° qu'il se tenait publiquement les jours de dimanche et fêtes des jeux souvent pendant les offices de l'église, les instructions et les prières publiques, qu'on s'assemble souvent en foule à l'entour des portes de l'église sur le cimetière et qu'on y fait un bruit qui trouble les instructions et prières ;

« 5° que les cabarets étaient souvent remplis de monde pendant les offices, et que des buveurs y passaient une partie de la nuit, troublaient le repos public ;

« 6° qu'il y avait bien des gens qui fourageoit les bois et les héritages pendant la nuit ;

« 7° que la gelée avait fait périr la plus grande partie des arbres fruitiers dans les bois de la communauté et qu'il était nécessaire de faire un état estimatif des arbres morts pour être distribués par lots à chacun des habitans à la charge de la somme qui sera fixée pour subvenir aux besoins de la communauté et qui sera payée au tirage, sinon vendus au profit de la commune ;

« 8° que les comptes de la fabrique n'étaient rendus depuis plusieurs années.

« En conséquence la municipalité a arrêté ce qui suit : »

Arrêté conforme aux conclusions du Procureur.

A part les rassemblements autour de l'église, tout le reste existe encore aujourd'hui : anticipations sur les chemins et pâtis communaux, embarras des rues, déprédations même en plein jour dans les bois, vignes, vergers, etc.

Pour les comptes des fabriques, tout le monde sait avec quelle exactitude ils sont établis et avec quelle bonne volonté ils sont communiqués aux ayants-droit.

Organisation de la milice bourgeoise ou Garde Nationale

Le onze avril, le procureur de la commune demande au conseil la convocation d'une assemblée générale pour l'établissement d'une milice bourgeoise, conformément aux décrets de l'assemblée nationale. Cette convocation est faite le même jour et la réunion a lieu le 18 avril après midi.

« Après avoir examiné le tableau dressé à l'effet de connaître le nombre des citoyens (c'est la première fois que ce mot est employé) depuis l'âge de 18 ans jusqu'à celui de 50, libres, sans emplois n'y offices qui les dispensent de ce service, le dit tableau s'est trouvé monter à 75 hommes propres au service. »

On décide alors de nommer :

Un commandant en chef ;
Un major commandant ;
Un capitaine en pied ;
Un capitaine en second ;
Un premier et un second lieutenant.

Comme dans l'armée espagnole, autant d'officiers que de soldats.

Sont nommés :

Commandant en chef, Jacques Lebeuf ;
Major commandant, François-Libera Fortier ;
Capitaine en pied, Noël Génuel ;
Capitaine en second, François Page ;
1er Lieutenant, François Baudoin ;
2e Lieutenant, François Boucheron ;
« tous présents qui ont accepté chacun en droit soy leurs différents offices à l'exception du sieur Lebeuf qui est absent pour cause de maladie à une main ; et à l'instant ils ont prêté le serment d'être fidèles à la nation, à la loi et au Roy et d'obéir à toutes réquisitions qui leur seront faites par MM. les officiers civils et municipaux pour le maintien de l'ordre et repos public. »

« Et à l'instant il a été procédé au choix par MM. les dits officiers d'un adjudant, un sergent-major, un sergent-fourier, un sergent et de sept caporaux. »

« Ont été nommés : *adjudant,* Antoine Pionnier ; *sergent-major,* François Lebland ; *sergent-fourier,* Jean-Baptiste Dupuy ; *sergent,* François Noirot ; *caporaux,* François Théveny, Charles Martel, Sébastien Théveny, Jean Lebland, François Parisot, François Milliard et Louis Martel qui seront chacun à la tête d'une escouade de neuf hommes, lesquels ont accepté et promis obéissance, subordination et soumission à la discipline militaire en bons et fidéles subordonnés. »

Le 20 avril, sur la demande du procureur de la commune, le maire est autorisé « à faire l'emplette d'un drapeau honnête et convenable et de 50 cocardes pour décorer les soldats de la milice uniformément. »

L'uniforme était simple et peu coûteux. C'était le pendant du fameux complet composé d'une paire de jarretières et d'un faux col.

Armement de la milice

Le 30 septembre 1792, devant le Conseil général de la commune « est comparu le Procureur de la commune qui a dit que les soldats composant la garde nationale ne sont point armés et que dans la commune il n'y a que dix fusils dont la plus part sont en mauvais état et aucun d'iceux ne sont de calibre, que d'ailleurs ces fusils appartiennent à ceux qui les ont en leur disposition, il serait à propos de demander à MM. les administrateurs du district de Bourbonne des armes pour armer la dite garde nationale pourquoi conclu à ce qu'il soit demandé 40 ou 50 fusils ou piques pour armer la ditte garde nationale. »

C'est seulement en mai 1793 qu'on reçoit 21 piques. Le 30 mai, devant le corps municipal assemblé, « est comparu le Procureur de la commune qui a dit que pour mettre l'ordre dans la distribution des piques aux différents gardes nationaux il croit qu'il serait à propos qu'en présence du commandant de la garde nationale les dittes piques délivrées au nombre de vingt-une fussent aux soins et garde des dits soldats déclarés Piquiers et le nom des dits Piquiers inscrit sur le présent registre à l'effet d'y avoir recours au besoin et à ce qu'il soit recommandé au dit commandant de surveiller à l'entretien et propreté des dittes armes lequel commandant avec les autres officiers du même corps en conseil de guerre seront autorisés à prononcer telles peines pécuniaires ou autres peines de discipline militaire ils croiront devoir prononcer pour maintenir la propreté et entretien des dittes armes. »

« Est aussi comparu le citoyen François Parisot, commandant la ditte garde nationale (il était caporal en 1790. Quel avancement rapide ! On ne peut guère le comparer qu'à celui du grenadier Fritz dans l'opérette d'Offenbach, la *Grande Duchesse de Gérolstein*) qui a acquiescé aux conclusions du Procureur de la Commune et s'engage à surveiller le soin des armes et promet que lorsqu'il s'apercevra de négligence par les différents Piquiers, soldats de la ditte garde nationale à son commandement, il fera assembler devant lui le conseil de guerre pour pourvoir à une bonne et régulière discipline à ce sujet. »

Moyens de répression. — Accusation d'incivisme contre l'abbé Foissey, prêtre-vicaire de Saulxures

Il y avait à cette époque un moyen très-simple de punir les contraventions. Les gardes nationaux emmenaient d'abord les délinquants au corps de garde, puis ils faisaient leur rapport au maire qui délibérait de suite sur le cas avec les officiers municipaux.

Généralement les contrevenants étaient condamnés à passer la nuit au poste et à payer 40 sols d'amende pour frais de garde. On ne les relâchait que quand ils avaient payé.

Le fait se produisait assez souvent. Ainsi les deux frères François et Blaise Gallion, l'un Sous-Lieutenant et l'autre Sergent de la 1re compagnie de la garde nationale de Vicq vinrent déclarer le 26 Juin 1790 au greffe de la municipalité que le Sieur François Pionnier avait dit devant eux au cabaret de Claude Brunot que le curé de Saulxures avait prononcé les paroles suivantes :

« Celui qui signera les affaires que l'on fait aujourd'huy au sujet des inscriptions pour la deffense du royaume s'en repentira. »

Le Curé chez lequel les frères Gallion étaient venus pour l'interroger sur ce fait se rendit avec eux au greffe et demanda la comparution de François Pionnier qu'on envoya quérir par la garde. Celui-ci déclara qu'il s'était bien trouvé au cabaret de Claude Brunot avec les frères Gallion, mais qu'il n'avait jamais dit que le curé de Saulxures eût empêché les volontaires de s'enrôler et qu'il ne lui avait jamais rien entendu dire qui fût contraire au bon ordre et à la constitution, qu'au contraire, il l'avait toujours vu zélé pour exhorter la paroisse à exécuter exactement tous les décrets de la constitution, que d'ailleurs les frères Gallion avaient dit qu'ils n'étaient venus à Saulxures que pour surveiller comment les choses s'y passaient.

Là-dessus le curé demanda l'arrestation des frères Gallion et leur comparution devant les juges du district de Bourbonne pour l'avoir calomnié.

Les officiers municipaux après avoir pris connaissance des faits et ouï le réquisitoire du Procureur de la commune décidèrent « que les dits Gallion seront à l'instant conduits par les gardes nationales aux ordres du commandant au corps de garde jusqu'à cinq heures du matin, à laquelle heure ils seront élargis et paieront chacun 40 sols pour frais de garde et autres frais et faute par eux de satisfaire seront détenus jusqu'à payement. »

Indiscipline dans la Garde Nationale

Comme la milice comprenait tous les hommes de 18 à 50 ans, il arrivait parfois que les délinquants en fassent partie. En voici un exemple assez comique :

« Cejourd'huy lundi 14 novembre 1791, 11 heures 1/2 du matin, ont comparus au présent greffe les sieurs François Baudoin, 1er Lieutenant de la garde nationale, Antoine Pionnier, adjudant, François Lebland, sergent-major, François Noirot, sergent, tous du dit corps, lesquels ont dits que le jour Dhier environ trois heures après-midi, étant à l'assemblée générale réunie en l'église paroissiale du dit Saulxures, ils furent invités par le sieur François Maugras, maire en fonction à la ditte assemblée de prendre les armes pour faire la conduite des officiers municipaux qui venaient d'être élus, et voulant montrer leur civisme et leur dévouement ainsy que leur attachement pour la constitution ils sortirent incontinent après la nomination et élections des dits officiers, et en l'absence du commandant chez lequel est ordinairement le drapeau, ils commandèrent le sieur Sébastien Thenard porte-drapeau, les sieurs Claude Joly, Nicolas Nargent, François Parisot, François Louvier et François Pionnier, soldats, de prendre les armes et de se trouver au devant de la maison de Jacques Lebœuf, commandant, où étant en armes et en l'absence du dit sieur commandant le drapeau sortit de la ditte maison porté par le dit sieur Thenard. Alors la troupe s'empare du drapeau et ayant à sa tête le dit sieur Baudhoin ils dirigèrent leur marche à l'église et les nouveaux officiers municipaux procureur et notables ayant prêté le serment et le procès-verbal signé ils partirent de l'église et bordant la haye prièrent MM. les officiers de marcher dans leur centre. Enfin ils firent la conduite 1° au sieur François Theveny, maire nouvellement élu ; l'ayant mis en sa maison ils firent également la conduite au sieur Jean-Baptiste Dupuy, procureur de la commune et ayant entrés chez lui avec le drapeau, le tambour qui est un jeune garçon d'environ onze ans resta au devant la porte avec sa caisse et s'amusait avec d'autres jeunes gens lorsque Nicolas Morlet, Nicolas Théveny, Louis Thivet et Louis Martel se présentérent au devant de la ditte porte et firent entendre au dit tambour qu'ils avoient ordre de le mener à Dammartin avec eux et sur la résistance qu'il leur fit en leur exposant qu'il ne devait pas quitter le drapeau, Nicolas Morlet l'un d'eux lui mit un petit écu dans la main et tous les quatre l'emmenèrent, et dirigeant leur marche du côté de Dammartin, les dits sieurs comparans ayant été à l'instant avertis en firent leurs plaintes aux sieurs maire et officiers municipaux tous présens, les dits sieurs les auraient requis d'aller sur le champ à la suite des dits Morlet, Thivet, Martel et Théveny, et ayant sur le champ courus à leur suitte, les comparans atteignirent les fugitifs à l'extrémité du finage de Saulxures près le bois du Charmois, finage de Dammartin, et ayant été aperçus par les dits fugitifs ces derniers s'arrêtèrent, placèrent la caisse entre eux quatre et marquèrent une résistance bien démontrée. Néanmoins les ayant à l'instant saisis au col, les comparans sommèrent les dits quatre fugitifs de les suivre, leur ayant déclaré qu'ils allaient les mener devant les officiers municipaux (preuve de la suprématie du pouvoir civil) et après une résistance oppiniâtre deux des quatre s'échappèrent de leurs mains et se sauvèrent du côté de Dammartin, savoir Louis Martel et Louis Thivet et étant à la distance d'environ 40 toises sur le finage de Dammartin ces deux fugitifs *leur montrèrent le derrière ;* enfin ayant amené les dits Nicolas Thévény et Nicolas Morlet de force devant les dits officiers, ces deux soldats au lieu de paraître repentans marquoient toujours une indocilité et une résistance oppiniâtre.

« Enfin MM. les officiers ordonnèrent que les deux soldats fussent conduits en prison ce qui fut exécuté promptement dans une chambre au fond de la maison de Jean Nargent, où étant ces deux prisonniers se trouvèrent évadés une demi-heure après, et ayant fait la visitte de leur prison, les comparans ont reconnus que les deux prisonniers sont apparemment sortis de leur prison par la fenêtre, ayant reconnus deux barreaux de fert ôtés de la dite fenêtre et la pierre de seûle cassée de sorte que cette fenêtre ne peut être rétablie qu'en faisant poser une autre seûle ce qui occasionnera une dépense considérable, de tout quoi les comparans ont fait dresser le présent procès-verbal pour servir et valoir ce que de raison ; ajoutent les dits comparans que avant l'emprisonnement ils avaient visittés la ditte prison et avaient reconnus la fenêtre en bon état ; ajoutent encore les comparans que depuis cette évasion les fugitifs n'ont point parus. »

Le maire et les officiers municipaux envoyèrent ce procès-verbal avec les conclusions du Procureur de la Commune aux officiers du directoire du district de Bourbonne.

On ne sait ce qu'il en advint.

Refus d'aller à la messe

Le 8 avril 1792, le commandant de la garde nationale « avait fait commander ses hommes au son du tambour pour monter la parade et ensuite avec le drapeau accompagner le saint-sacrement sous les armes pendant la messe paroissiale et ensuite bénédiction tant à la messe qu'à vespres, mais aucun des dits officiers, bas officiers et soldats n'ont obéis sinon Joachim Boucheron, caporal, Louis Thivet, caporal, François Louvier, soldat, le porte enseigne et celui commandant qui ont faits seuls le service et comme cette désobéissance montre une insubordination des plus caractérisée, nous avons dressé le présent procès-verbal. »

Les gardes nationaux d'alors se disaient peut-être déjà : Le cléricalisme, voilà l'ennemi !

Sur les quatre qui assistaient le commandant, on remarque Louis Thivet, celui qui montrait le derrière à ses chefs et Joachim Boucheron qui, le jour du tirage au sort des *volontaires* s'était sauvé et était caché on ne sait où. Il préférait la fumée de l'encens à celle du canon.

On remarque qu'à chaque instant la garde nationale est requise de prendre les armes.

On se demande quelles armes elle pouvait bien prendre puisque le Procureur de la commune fait faire une demande d'armes le 20 septembre 1792 et que les 21 piques accordées sont seulement distribuées le 30 mai 1793. Cela rappelle, au point de vue de l'habillement, l'armée de Saint-Domingue dessinée par Paul Léonnec dans le *Journal Amusant*. Le capitaine pour faire placer ses hommes commande : Ça qui ni zhabit kilotte, au poumé ang ; ça qui ni zhabit seulement, au deuxième ang, et ça qui ni a nien di tout, au troisième ang.

Il est probable que le commandant en chef de la garde nationale devait dire : Ceux qui ont un fusil ou un sabre, au premier rang, et ceux qui n'ont rien du tout, au deuxième rang.

Volontaires par force

Le 13 mars 1793 on demande à la commune de Saulxures quatre soldats pour servir dans les armées de la République.

Le juge de paix du canton de Rauconnières, en résidence à Lavernoy, commissaire délégué par le directoire du district de Bourbonne, vient à Saulxures le 19 mars et constate qu'aucun volontaire ne s'est fait inscrire sur le registre ouvert depuis 3 jours au greffe de la municipalité.

On procède alors à un tirage sur les 26 jeunes gens de 18 à 25 ans faisant partie de la première réquisition. — Les quatre qui tombent au sort sont *proclamés volontaires*.

Le Procureur de la commune avait pris les conclusions suivantes qui furent adoptées par le corps municipal : « que pour parvenir au tirage des hommes pour le recrutement des armées de la République, il est espédient de prendre des arrangements convenables pour que la commune en contribuant à aider aux susdits hommes qui tomberaient au sort, ces hommes partent avec zèle et soient animés d'un esprit de reconnaissance et d'attachement pour la République Française qui a besoin de leurs bras pour la deffense de sa cause contre la tyrannie, pourquoy conclu à ce que la commune soit tenuë sous la responsabilité de la municipalité à payer aux quatre soldats qui tomberont au sort une somme de 600 livres laquelle somme leur sera payée ou à ceux qui seront chargés par eux au 11 novembre prochain, laquelle somme sera répartie entre eux quatre par égale portion, conclu en outre à ce qu'il soit alloué aux trois autres de la commune qui sont actuellement sous les armes à chacun également une pareille sommes de 150 livres à pareille datte, à condition que les uns et les autres resteront chacun attachés à leurs drapeaux et qu'ils justiffieront au dit terme être à leurs postes et sous les armes. »

Le 7 août 1793, les citoyens furent divisés en quatre catégories ou réquisitions.

La première réquisition comprenait les célibataires de 16 à 35 ans et les hommes mariés jusqu'à 25 ans.

Elle comptait 21 garçons et 5 hommes mariés. — La deuxième réquisition les hommes de 25 à 35 ans, au nombre de 23 ; la troisième les hommes de 35 à 45 ans au nombre de 17 ; la quatrième tous les hommes au-dessus de 45 ans au nombre de 71. En tout 107 dont plusieurs de 75 ans.

Travaux communaux

A cette époque les revenus de la commune étaient presque nuls. Quand il y avait des travaux ou des réparations à faire, le maire convoquait tous les habitants qui travaillaient chacun suivant ses aptitudes ou son métier. — Les réfractaires étaient punis d'amendes assez élevées.

« Cejourd'hy dimanche 16 mars 1790, le corps municipal étant réuni à une heure de relevée, le sieur Nicolas Boucheron, procureur de la commune a dit que le village de céans était difficultueux dans les rues d'iceluy, que les eaux avaient dégradés plusieurs endroits, que d'ailleurs il était urgent de vuider les gays qui sont remplis de boues et rétablir les murs d'iceux pour contenir de l'eau suffisamment pour gayer le bétail et faire des dépôts en cas d'incendie et que pour parvenir à ce faire il n'y a d'autres moïens que de commander tous les habitans sçavoir les laboureurs avec leurs chariots et harnois, les manœuvres avec houtils propres à tirer de la pierre et à travailler à la terre et les maçons avec leurs houtils de maçons et que pour parvenir à contraindre chacun des particuliers il serait nécessaire de prononcer une amende contre les réfractaires refusant l'obéissance à la municipalité ;

« Et ayant délibéré nous avons déterminés que tous les habitans seront commandés ce jourd'huy au sortir des vespres pour se trouver mercredi prochain 19 may et être occupés quatre journées le cas échéant, à peine par chaque réfractaire de payer sçavoir : les laboureurs six livres, les maçons trois livres et les manœuvres trente sols pour chaques jours qu'ils pourront être manquants à quoi ils seront contraints par toutes voyes et exécutions militaires par les gardes nationales sur la réquisition de M. le Maire et les dits habitans seront employés sous les ordres et commandement de M. le Maire et autres officiers municipaux à la réparations des dits gays, glacis et autres. »

Fête nationale le 14 Juillet

Le 11 Juillet 1790, devant le Conseil municipal assemblé, le Procureur de la commune à dit : « qu'en vertu des adresses de la milice nationale de Paris et lettres subséquentes du Roy et pour répondre aux intentions de la nation représentée par l'assemblée nationale, il était nécessaire de faire annoncer aujourd'huy même au prône de la messe ou des vespres paroissiales la fête qui doit se célébrer mercredi prochain 14 Juillet en conformité des dittes lettres et qu'il est nécessaire pour la solennité de cette fête que chaque citoyen chome et fasse chomer tous travaux tant public que particulier tant au dehors qu'au dedans et que tous habitans sans aucune exception soient tenus de se trouver à la messe qui doit être célébré solennellement et à midi précis tout habitant depuis l'âge de 18 ans jusqu'à l'âge le plus avancé soient assemblés dans un lieu propre pour entre les mains de M. le Maire prêter le serment requis par les dittes Lettres ;

Sur ce nous avons délibéré qu'on se retirera par devers M. l'abbé Foissey desservant cette paroisse pour le requérir d'annoncer la fête civique et de célébrer le 14 Juillet les offices comme aux jours de fêtes solennelles ; sera la milice bourgeoise sommée de se trouver en armes autant que faire se pourra drapeau volant, pour prêter le même serment et maintenir l'ordre et la décence qui doit régner dans cette assemblée. »

La fête fut annoncée la veille au son des cloches, à midi et le soir.

« La messe paroissiale fut célébrée solennellement et au prône M. l'abbé Foissey est monté en chaire et a fait un discours rempli de zèle et d'amour pour la patrie.

A la cérémonie était sous les armes drapeau déployé et flottant la milice bourgeoise. Après la messe la troupe et le peuple se sont retirés.

A onze heures et demie l'assemblée générale a

été annoncée d'abord au son des cloches et ensuite au bruit du tambour, et comme il pleuvait au lieu de se rendre dehors en pleine campagne et sous l'étendart national on s'est retiré dans l'église.

Là tout le peuple assemblé après toutefois avoir fait l'appel nominal il s'est trouvé peu de réfractaires.

Ensuite M. le Maire a fait relire la ditte adresse de laquelle lecture M. le desservant a bien voulu se charger.

Ensuite M. le Maire a prêté serment ; M. le Procureur de la commune étant malade n'a assisté à la cérémonie ; messieurs les officiers municipaux et notables composant le Conseil, leur greffier ; M. le desservant qui l'avait prêté en chaire ensuite de la lecture l'a réitéré ; MM. les officiers de la milice leurs bas-officiers et soldats et enfin tous les habitans depuis l'âge de 18 ans. »

Serment en partie double de M. l'Abbé Foissey

Le 27 Janvier 1791, l'abbé Foissey desservant de la paroisse de Saulxures, déclare à la municipalité qu'il a l'intention de prêter le dimanche 30 janvier le serment exigé des prêtres par les décrets sur la Constitution.

Il prête en effet ce serment à l'issue de la messe devant le Conseil municipal et tous les fidèles mais il le prête avec la restriction mentale chère aux Jésuites. La preuve en est que cinq semaines plus tard il éprouve le besoin d'expliquer dans quelles conditions il a fait cette prestation de serment, et il en prête un nouveau arrangé à sa manière et dont il demande l'inscription sur le registre des actes d'assemblées.

Voici ce document jésuitique :

« Le dimanche 13 mars 1791, au prône de la messe paroissiale Nicolas Foissey, prêtre vicaire de la paroisse de Sauxure-les-Beaucharmois a dit :

Mes frères, le 20 Janvier dernier, à l'issue de la messe j'ai, pour obéir aux décrets de l'assemblée nationale et vous donner l'exemple de la soumission, prêté le serment exigé de tous les ecclésiastique fonctionnaire public ; j'ai juré de veiller avec soin sur les peuples qui m'éloient ou me seroient confiés, d'être fidèle à la nation à la loi et au Roy et de maintenir de tout mon pouvoir la constitution décrétée par l'assemblée nationale et acceptée par le Roy.

J'ai prononcé cette formule sans restriction parce que un décret du quatre et une loi du neuf de ce mois *défendoient de faire aucun commentaire, aucune restriction,* mais je vous avoie, à mon prône dans cette même chaire d'où je vous parle aujourd'huy fait connoître mes sentiments et expliqué mes principe, Je voue avoie dit qu'il falloit distinguer deux puissances sur la terre, l'une Spirituel qui appartient à l'Eglise de Jésus-Christ et qui ne peut traiter que des objets de l'ordre Spirituel et l'autre temporel qui appartient à l'état et qui ne peut traiter que des objets temporel, des objets de l'ordre politique et civil ;

Je vous avoie dit encore qu'en qualité de chrétien et de citoyen nous devons être soumis à ces deux puissances, qu'elles peuvent pour s'assurer de notre obéissance exiger de nous des serments et nous en prescrire la formule mais qu'elles ne peuvent en exiger que pour les objets qui sont de leurs compétences ; que si en traitant des objet de l'ordre politique et civil la puissance temporel y joignoit des objets de l'ordre spirituel, que si dans ce cas elle exigoie de moi un serment de maintenir ce qu'elle auroit fait, si elle m'en prescrivoit la formule je ne lui devoie d'obéissance que pour les objets temporel et nullement pour ceux de l'ordre spirituel et que quoique je prononçassent sans restriction cette formule elle ne devoit et ne pouvoit s'entendre de ceux qui sont du ressort de la puissance spirituel, que c'étoit conformément à ces principe que je prêteroie le serment après la messe, ce que j'ai fait.

Je croyais qu'il me suffiroit de vous avoir fait connoître mes sentimens et mes principes et que d'après cela je pouvais prononcer cette formule sans restriction et signer comme je l'ai fait le procès-verbal qui a été ensuite dressé ; mais depuis ce temps je n'ai point perdu de vue ce serment, j'ai cherché tous les moyens de m'instruire et de justiffier ma conduite et d'après mes recherches et mes informations je me crois obligé non pas à protester contre ce serment, j'y serai toujours fidèle, mais à faire connoître ma foi à ceux qui ne sont pas de cette paroisse en le prononçant tel que ma conscience me l'a toujours dicté et me le dicte encore en ce moment. Le voici :

« Je jure de veiller avec soin sur les fidèles dont la conduite aura été ou me sera confiée *par l'Eglise*, d'être fidèle à la nation, à la loy et au Roy de maintenir de tout mon pouvoir, en tout ce qui est de l'ordre politique et civil la constitution décrétée par l'Assemblée nationale et acceptée par le Roy, exceptant formellement les objets qui dépendent essentiellement de l'autorité spirituelle ;

« Je prie messieurs les officiers municipaux et notables composant le conseil de la commune de faire enregistrer ce que je viens d'avoir l'honneur de vous dire et de m'en faire délivrer copie.

« Nous maire, officiers municipaux et notables sous signés en conséquence de la demande du sieur Foissey, vicaire, avons fait enregistrer le contenu cy-dessus en présence du dit vicaire qui a signé avec nous le 14 mars 1891.

« Et après que le dit sieur vicaire a eu apposé sa signature, réfléchissant que nous n'avions aucunes instructions n'y ordres pour recevoir de pareils actes nous lui avons demandé s'il n'agissoit point pour montrer de rébellion et désobéissance aux décrets de l'assemblée nationale, il nous a répondu qu'il avait toujours respecté et respecterait toujours avec soumission ces décrets, qu'il n'avoit fait l'explication cy-dessus que pour tranquiliser sa conscience et lui ayant encore demandé quels articles il régardoit comme dépendant de l'autorité spirituelle il a répondu qu'il n'était point juge en cette partie et que l'autorité spirituelle s'expliquerait elle-même si elle se croyait lézée ; en conséquence nous avons décidé que le présent acte resterait au greffe sans qu'il en soit délivré aucune copie avant qu'il ait été déclaré légal. »

L'abbé Foissey était assermenté sans l'être. Il quitta d'ailleurs la commune en 1792, et le presbytère fut confié le 17 mai à la garde d'Antoine Aubry, maître d'école.

Traitement du maître d'école

Antoine Aubry, maître d'école, fut autorisé à cultiver le jardin du presbytère moyennant une redevance de 20 sols par mois pour la maison et le jardin.

Les assemblées s'y tinrent comme d'habitude et la garde nationale y continua son service.

Le maître d'école était choisi par l'assemblée générale de la commune.

Son traitement consistait en une quarte de bled mesure de Lamarche par chaque laboureur, vingt sols par chaque manœuvre et dix sols par chaque veuve manouvrière, le tout payable à la Saint-Martin.

Contenance du territoire. — Dîmes

Le 24 septembre 1790, lesieur Antoine Peltier-Bourgeois, juge de paix du canton de Rançonnières, en résidence à Lavernoy, membre du district de Bourbonne, vient à Saulxures pour recevoir les déclarations de la municipalité relatives au produit du territoire. Les voici :

« 1° citoyens actifs, 85 ; 2° étendue des bois communaux : un mauvais taillis en sorte de broussaille contenant vingt arpens ; 3° deux pièces de bois appartenant au cy-devant Seigneur le sieur Claude Bernard de Susleau, l'une appelée le bois Chassot contenant 24 arpens, l'autre ditte la Côte Velaine contenant 14 arpens ; 4° Le territoire contient dans son étendue 1150 journaux de terre, 140 fauchées de pré, 86 journaux de mauvais pâtis propres à la pâture des moutons, dix journaux de vignes fort mauvaises et un étang contenant 40 journaux appartenant au dit sieur de Susleau cy devant Seigneur suivant sa déclaration contre laquelle la municipalité fait des protestations, cet étang ne devant avoir que 20 journaux, le surplus anticipé sur la commune ; 5° la fabrique possède un terrage qui rapporte 203 livres, relaissé à Sébastien Thenard par bail, reçu Compagnot, notaire à Pouilly ; 6° la dixme se partage entre messieurs du séminaire de Langres, l'abbaye de Morimont, la fabrique de Saint-Jacques, le cy-devant Seigneur et le sieur curé de Rançonnières pour une petite partie. La portion du séminaire qui se perçoit sur toute l'étendue du finage est relaissée à Jean Baptiste Bourrier, de Lénizeul et François Maugras pour 22 paires d'émines mesure de Langres (La totalité de la récolte était de 204 paires).

L'émine valait huits bichets ou seize boisseaux de 25 Litres.

« La portion de l'abbaye de Morimont est relaissée à François Mettot de la ferme de Belfays pour la somme de 448 Livres et trois paires d'émines, lesquels trois paires d'émines se paient au prieur de Varennes.

La portion de la fabrique qui ne se paye et perçoit que sur un seul canton se relaisse la veille des moissons. Elle a été relaissée cette année pour 81 livres. — La petite dixme du sieur curé de Rançonnières qui consiste en quelques champs est relaissée à François Maugras pour dix livres.

7° *Chemins finagers.* — Tous sont très-mauvais. Le vœu de la commune serait que messieurs les Administrateurs prissent en considération les chemins sçavoir : de Vicq à Dammartin passant par Saulxures et faire en sorte que Dammartin continue ce même chemin jusqu'au dit village ; par ce moyen les villages de Vicq, Varennes, Chézeaux, Champigny, Lavernoy, Celles, Andilly et Rançonnières auront la faculté de la jonction de la route pour Langres, Chaumont, Bourbonne, la Loraine, etc.

8° Messieurs les administrateurs daigneront accorder quelque chose pour occuper les pauvres à ces chemins, les habitants valides s'obligent à travailler par eux-même et avec leurs harnais pour rétablir ces chemins qui sont très-nécessaires et qui sont hors d'état d'être pratiqués. »

On voit quelles redevances énormes payaient les laboureurs de Saulxures au nombre de 31 dont 3 veuves. D'après l'inventaire de 1783 les redevances dues au Seigneur sont estimées en capital à près de seize mille Livres, en dehors des droits honorifiques, de prélation, de pêche, de chasse et greffe dont l'estimation est laissée à la justice.

D'après le même inventaire, le curé partageait la dîme avec le Seigneur sur un canton de cent arpents.

La part du Séminaire valait plus du dixième de la récolte de tout le finage en blé et avoine. Celle de l'abbaye de Morimont était relaissée pour 448 Livres et valait mieux que cela puisque le fermier y trouvait son bénéfice. Les trois paires d'émines du Prieur de Varennes valaient 300 Livres au moins. Que diraient nos cultivateurs d'aujourd'hui si on leur imposait les mêmes charges ?

Que diraient-ils si on leur infligeait dix francs d'amende chaque fois qu'ils profitent du beau temps pour rentrer des voitures de gerbes à dix heures du soir ?

A cette époque les richards du pays étaient ceux qui pouvaient élever un porc dans l'année.

Bans de fenaison, de moisson et de vendange

Pour éviter la fraude dans le paiement de la dîme, il était interdit de rentrer des gerbes avant le lever et après le coucher du soleil sous peine de dix livres d'amende par chaque contravention.

Le 19 Juillet 1791 le conseil municipal « après avoir ouï le Procureur de la commune et le dire des habitans comparans a délibéré qu'on moissonnera les froments à commencer le mardi 26 présent mois ; pourront néanmoins chaques habitans en cas de besoin se permettre de moissonner un journal de froment ; deffendons à tous habitans de s'émisser à voiturer des gerbes avant le lever du soleil et après son coucher à peine de dix livres d'amende par chaque rapport ; deffenses sont faites de faire pâturer aucuns bestiaux dans aucune contrée tant qu'il y aura des gerbes à peine de 3 livres 5 sols par bête par chacun rapport, enjoignons aux gardes messiers d'y tenir la main, autorisons les gardes nationales à faire également les rapports contre tous les contrevenans et en cas de rupture du ban de la part de quelqu'un des dits habitans et sur le rapport qui en sera fait par les dits gardes messiers ou gardes nationales, les dits contrevenans seront responsables des dommages qui se trouveront dans tout le canton où ils auront moissonnés et en dix livres d'amende. »

En 1790 la gelée avait détruit tous les arbres fruitiers.

En 1792 il y eut une grande disette de fourrage qui obligea à demander l'abolition de la vaine pâture et à réserver aux propriétaires la jouissance de leurs prés après la fenaison.

En général la fenaison commençait plus tard qu'aujourd'hui et se faisait par contrées successives en laissant pour la fin les prés contigus aux blés et avoines.

En 1790 elle commença le 1er Juillet, en 1791, le 30 Juin, en 1792 le, 9 Juillet, en 1793, le 4 Juillet.

Mise à prix de la tête de Dumouriez. — Saisie des armes chez les suspects

« Cejourd'huy 8 avril 1793, an deux de la République Françoise, le conseil général réuni à réquisition du procureur de la commune, le citoyen maire a dit : Citoyens, il vient de nous arriver un piéton extraordinaire qui a apporté sçavoir : 1° un décret du 2 avril 1793 portant récompense de trente mille livres et des couronnes civiques pour ceux qui saisiroient Dumouriez ; 2° un autre du 26 mars dernier qui ordonne le désarmement des personnes reconnues suspectes ; 3° un autre du 18 mars dernier qui met en permanence les conseils généraux de département, de district et de commune ; 4° enfin un arrêté du département de la Haute-Marne du 3 avril dernier relatif au désarmement des gens suspects. »

Pour plus de sûreté on fait des perquisitions chez tout le monde et voici la nomenclature des armes saisies : 1° Etienne Moussu, un fusil ; 2° Jacques Lebœuf, un sabre et un fusil ; 3° veuve Massoule, une épée et une grande broche ; 4° veuve Robert, une grande broche ; 5° François Maugras, un fusil ; 6° Pierre Laurent, deux bayonnettes et un fusil ; 7° Félix Aubert, une fourche ferrée.

On avait désarmé jusqu'au commandant en chef de la garde nationale Jacques Lebœuf.

Tension des rapports entre les habitants et le cy-devant Seigneur. — Anticipations et usurpations au détriment de la Commune

Aussitôt après la Révolution de 1789, les habitants de Saulxures se souvenant des vexations et exactions du cy-devant Seigneur de Susleau de Malroy, non seulement l'exclurent des conseils de la commune, mais cherchèrent à lui faire rendre ce qu'il leur avait extorqué, souvent par abus de pouvoir.

En voici des exemples :

Cejourd'huy 12 mai 1791, ouï le Procureur de la commune, le conseil général a délibéré ce qui suit :

1° Le conseil de la commune demande à être authorisé à faire aborner les chemins, pâtis et autres terrains communaux pour réprimer les anticipations nombreuses qui se sont produites et à faute par les anticipateurs de répondre aux invitations qui leur seront faites ou de refus de signer les procès-verbaux chacun en droit soy être authorisé à se pourvoir par devant qui il appartiendra pour être fait droit ;

2° Le conseil demande à être authorisé à faire valoir les droits qu'il a à exercer contre différens particuliers au profit de la commune qui ont en différens temps assencé différens terrains communaux au cy-devant Seigneur et à son profit seul, y ont édifié des logemens et établis des jardins au détriment de la ditte commune ;

3° Expose le conseil que le cy-devant Seigneur et ses auteurs se sont emparés des quatre premiers bancs au chœur de l'église paroissiale dont deux sont enfermés et sont d'une largeur presque double des bancs ordinaires sans en avoir rien payé à la fabrique quoique l'usage du lieu soit de vendre les places aux plus offrans; en conséquence demande à être authorisé à faire ôter les dits bancs en faire remettre d'autres de la même forme que ceux ordinaires, en faire faire la vente aux plus offrans et le prix provenant de la ditte vente être employé au profit de la fabrique ainsy qu'il s'est pratiqué de temps immémorial. »

Poursuites contre des ouvriers du cy-devant Seigneur

« L'an premier de la République Françoise, le 2 novembre 1792, en la chambre commune de Saulxures, François Parisot capitaine de la garde nationale, Pierre Pionnier, Louis Chavet et François Martel, soldats de la ditte garde, lesquels ont fait rapport que ce dit jour heure de 8 à 9 du matin, le dit capitaine s'étant aperçu que l'on travaillait à botteler du foin dans la maison du sieur Bernard de Susleau avant l'office des morts, lequel capitaine ayant commandé les soldats sus-nommés de l'accompagner dans la ditte maison pour y reconnoître les personnes qui y travailloient; y étant ils ont trouvés et reconnus les nommés Humblot et Bournot cytoyens de Dammartin et encore le fils aîné de Sébastien Garnier, cultivateur en ce lieu qui botteloient pour la nation; leur ayant demandé des ordres il ont dit qu'ils n'en avoient point; sur ce nous capitaine et soldats nous les avons consignés au corps de garde pour en être ordonné par la municipalité ce qu'il appartiendra. »

« Le Procureur de la commune ayant pris communiquation du dit raport conclu que les dits Humblot, Bournot et Garnier soient condamnés solidairement en dix livres et mis hors de consigne. »

« Nous maire et officiers municipaux vu le raport de la garde nationale et les conclusions du Procureur de la commune, condamnons les dits Humblot, Bournot et Garnier en neuf livres d'amande payable incessamment et solidairement et mis hors de consigne.

Poursuites contre le fermier du cy-devant Seigneur

Le 10 Juin 1792, devant le conseil général de la commune de Saulxures est comparu le Procureur de la commune qui a dit que le nommé Sébastien Garnier s'est émissé de labourer au bout des terres qu'il cultive en qualité de fermier du sieur de Susleau lieu dit Aux Partages un pâtis séparatif d'entre les terres du dit sieur de Susleau qui doit avoir 60 pieds de largeur dans toute sa longueur, pourquoy conclu à ce qu'il soit délibéré sur cet objet important et authoriser un ou plusieurs membres du conseil général pour faire assigner en trouble le dit Garnier ;

Nous maire, officiers municipaux et notables avons délibéré que le raport fait au greffe de la municipalité le 8 de ce mois par les gardes champêtres sera levé par le Procureur de la commune qui le fera enregistrer dans les délais et de suite fera consulter le dit raport et le titre du Pâquis et faire et agir comme il apartiendra. »

Le Procureur fait assigner Sébastien Garnier devant le juge de paix du canton, mais le cy-devant Seigneur prend l'affaire pour son compte, produit de faux témoins et la commune perd son procès. L'assemblée générale décide alors de poursuivre l'affaire devant une juridiction plus élevée.

« Cejourd'huy dimanche 8 Juillet 1792, le Procureur de la commune a dit qu'en vertu d'un raport fait le 8 Juin dernier contré Sébastien Garnier, il a fait assigner le dit Garnier en trouble devant le juge de paix du canton, mais que contre toute attente, malgré les preuves faites par enquête le sieur de Susleau intervenu au lieu et place du dit

Garnier a fait faire une contre-enquête par deux hommes qui lui sont dévoués et qui lui ont appartenu. La commune a perdu son procès et le dit Sieur de Susleau renvoyé avec dépens et maintenu dans son anticipation ; que s'étant consulté sur cette sentence les différents conseils qu'il a consultés sont d'avis que la communauté est bien fondée à interjetter appel de cette sentence au bureau de conciliation près le tribunal de district et si l'affaire n'est pas conciliée la suivre au tribunal jusqu'à fins en la forme et au fond ;

D'une voix unanime l'assemblée est d'avis d'interjetter appel de la sentence du juge de paix du canton de Rançonnières rendue contre la commune au profit du sieur de Susleau pour l'affaire être suivie jusqu'à fin. »

Poursuites du cy-devant Seigneur contre les habitants. — Refus de ceux-ci de payer les droits seigneuriaux

« Cejourd'huy 22 Décembre 1790, nous François Maugras, maire de la communauté de Saulxures ayant cejourd'huy reçu une assignation à requête de M. de Susleau et son épouse ancien et cy-devant Seigneur du dit Saulxures à comparoir par devant messieurs du tribunal du district de Bourbonne demain jeudi 23 du présent mois et après avoir communiqué cette assigntion à M. le Procureur de la commune et officiers municipaux, il a été convoqué l'assemblée générale de la commune à cette heure de une après midi à l'effet de prendre de tous et un chacun habitans leur avis, où se sont trouvés la majeure et la plus saine partie des habitans, est comparu M. le Procureur de la commune qui a fait donner lecture de la ditte assignation ;

En conséquence il a été délibéré d'une voix unanime que pour répondre à la ditte assignation il était de toute nécessité de prendre en corps de communauté le fait et cause du sieur Maugras, maire, et qu'en conséquence il est indispensable de députer au nom de la commune trois hommes les plus en état de consulter les intérêts de la ditte commune faire et agir pour le bien d'icelle contre l'*ambition* des dits sieur de Malroy et son épouse.

« Et après avoir pris l'avis de toute l'assemblée Messieurs François Maugras, maire, Boucheron, procureur de la commune et Antoine Joudot, secrétaire greffier ont été députés pour aller à Bourbonne cejourd'huy même. »

Le 26 Décembre, nouvelle réunion de l'assemblée générale.

« Le Procureur de la commune a dit qu'il était nécessaire de consulter les habitans sur l'assignation donnée à requête du sieur de Susleau et son épouse, à forcer tous et un chacun habitans en particulier à payer au dit sieur de Susleau en sa qualité de cy-devant Seigneur différens droits soit disants seigneuriaux échus à la Saint-Martin de l'an 1789, à comparoir par devant messieurs du tribunal de Bourbonne jeudi dernier 23 présent mois, que si l'on veut prendre en commun cette affaire en considération et se pourvoir en deffense contre l'ambition du dit sieur de Malroy et son épouse, il est indispensable de faire une opposition de la part de toute la communauté, de considérer les sieurs Maugras, Génuel et autres, seuls visés dans l'assignation comme fondés de pouvoirs de toute la commune, malgré toutes deffectuosités qui pourraient se trouver dans l'acte d'opposition en soutenir l'authenthicité ainsy que de l'acte fait par lui Procureur, les sieurs Maugras et Joudot les 22 et 23 présent mois, et donner des moyens pour agir à l'avenir comme il sera avisé et charger un ou plusieurs des dits habitants pour ce faire ;

Pourquoy il a été délibéré que la communauté intervient dans l'instance pendante, en conséquence autorisons le Procureur de la commune à suivre la ditte instance jusqu'à la sentence définitive en donnant pour moïens que le dit sieur de Susleau ayt : 1° à fournir les concessions qu'il annonce dans sa demande et que dans le cas où au lieu de concessions il n'agiroit qu'en vertu d'une transaction de 1718 il ayt à opposer pour moïen à la ditte demande qu'il y a instance au parlement de Paris en cassation et nullité de cette transaction dès 1740 ou environ, que ce procès suivi jusqu'environ 1754 n'est point terminé, qu'en conséquence et jusqu'à ce qu'il y ayt arrêt définitif les poursuites du dit sieur de Susleau sont vaines et qu'il doit y être déclaré non recevable, et autres moïens de droit et d'équité pour l'abolition *même restitution* de ces droits et autres chefs inclus au procès, desquels il résultera *des absurdités et vexations du despotisme*, se réservant la communauté de prouver par titres authentiques que ces prétendus droits ne sont qu'imaginaires au fond. »

Ils les avaient cependant payés bien longtemps ces droits imaginaires. Mais ces moutons n'étaient plus disposés à se laisser tondre, ni à se laisser manger.

Ils n'avaient plus peur du loup.

Le 9 Janvier 1791, nouvelle réunion de l'assemblée générale « à l'effet de communiquer une citation faite à la requête du sieur de Susleau, cy-devant Seigneur à comparoir par devant le tribunal de conciliation de M. le juge de paix en son hôtel de Vicq cejourd'huy deux heures de relevée.

« La dite citation communiquée à toute l'assemblée, il a été dit que les sieurs Maugras, Génuel, etc., sont fondés de pouvoirs de toute la commune pour répondre *aux folles répétitions* du sieur de Susleau et comparoîtront aujourd'huy devant M. le juge de paix. »

Revendications de la Commune

Le sieur de Susleau abandonna probablement ses prétentions ou bien la commune eut gain de cause car on ne trouve plus trace nulle part de paiement de droits seigneuriaux.

En revanche la municipalité essaya de profiter des lois nouvelles pour faire rendre gorge au cy-devant Seigneur et rentrer en possession de tous les terrains qu'il avait usurpés.

« Le 24 mai 1793 le conseil général de la commune étant assemblé, le procureur de la commune a représenté que suivant un acte notarié du 29 avril 1624, les propriétaires de la cy-devant Seigneurie de Saulxures ont donné et abandonné à la communauté à titre de cens perpétuel le fond et propriété d'un bois appelé La Derrière finage du dit lieu contenant environ 80 arpens moyennant un cens annuel et perpétuel de 30 Livres par an ; que le titre de cette concession n'est entre les mains du conseil général qu'en copie informe mais que son existence est assurée par des dénombrements que les cy-devant Seigneurs ont fournis et déposés en la cy-devant chambre des comptes de Loraine, desquels dénombrements les expéditions seront représentées et contiennent l'énonciation du titre susdit et du cens annuel; que la communauté a joui paisiblement de ce terrain jusqu'en 1717, temps auquel le sieur Nicolas de Susleau, devenu adjudicataire de la terre de Saulxures a suscité des procès aussi injustes que dispendieux à la communauté de Saulxures contre laquelle il a surpris des arrêts tant au cy-devant parlement de Paris qu'au conseil de la cy-devant Lorainé; que sans entrer actuellement dans le détail des causes et des événements de ces procès il suffit d'observer que pour se faire payer des arérages de certains droits et dépens qu'il s'était fait adjuger le dit de Susleau a fait ordonner que les habitans de Saulxures lui abandonneroient la moitié du bois La Derrière comprenant l'assencement du 29 avril 1624 et lui paieroient comme à l'ordinaire le cens annuel de trente livres et en outre une somme de mille livres dans le cours de trois ans; que malgré ce délai le dit de Susleau n'a pas attendu une année pour poursuivre à outrance les habitans de Saulxures pour les forcer au payement de cette somme de mille livres qui n'était pas encore échue, qu'il a abusé de son crédit au point d'obtenir plusieurs compagnies de maréchaussée qui ont été établies à discrétion chez les principaux habitans; que pour se soustraire à ces vexations ruineuses et désolantes les habitans de Saulxures n'ont eu d'autres ressources que de souscrire le neuf janvier 1719 un acte préparé d'avance par le dit Susleau, le dit acte contenant acquiescement de leurs parts aux différentes condamnations qui avoient été prononcées contre eux notamment à l'abandon de la moitié du bois La Derrière assencé par le bail susdit, que le même acte contient pareillement abondon de la part des habitans d'un autre bois dit de La Brosse pour remplir le dit de Susleau de la somme de mille livres non encore échue ; que cet acte rédigé sous seings privés sans avoir été fait double, souscrit par des habitans réduits au désespoir et sans avoir été préalablement délibéré dans une assemblée de la commune est aussi nul qu'injuste ; mais que les habitans n'ont pas souffert ce seul préjudice, que forcés de payer sur-le-champ les frais de la course de la maréchaussée et n'ayant pas les facultés pour acquitter la somme nécessaire qu'on a élevée jusqu'à 655 Livres, les habitans ont été contraints de faire un nouveau sacrifice savoir celui d'aliéner un communal intéressant de leur finage contenant 20 journaux ; que le communal situé au haut du bois a été aliéné au profit des nommés Maillard et Voillin moyennant la modique somme de 655 livres par procès-verbal fait en la cy-devant justice de Saulxures le 19 du même mois de janvier 1719 ; que cette aliénation faite au mépris de tous les règlements et sans formalité est radicalement nulle et ne peut empêcher l'effet de la revendication de ce terrain qui est actuellement entre les mains de plusieurs particuliers ; qu'il croit de la plus grande importance pour la commune de revendiquer tous les bois et terrains dont il vient de parler, qu'il pense qu'on y parviendra avec d'autant plus de facilité que la loi du 28 août dernier autorise ces sortes de revendications et il a tout lieu d'espérer que celles qui seroient formées par la commune seroient accueillies ; a encore observé le procureur de la commune que depuis moins de 30 ans le dit de Susleau s'est encore emparé d'un pâtis de la commune lieu dit Sous la Chaussée de l'étang de Godmard de la contenance de 65 toises rappelé dans le procès-verbal de la communauté du 8 mai 1730, qu'il croit qu'au surplus il soumet ses observations et son exposé à la délibération du conseil général.

« Le conseil général considérant que la revendication à intenter par la commune du bois dit La Derrière et la Brosse dont la commune a été injustement dépouillée par les cy-devant Seigneurs ne peut éprouver de contradictions fondées puisque les titres représentés par le procureur de la commune prouvent le droit certain des habitans et l'usurpation des Seigneurs et que la loi du 28 août dernier veut que les communes soient réintégrées dans la propriété et jouissance des biens et droits dont elles ont été dépouillées par l'effet de la féodalité, considérant en outre que l'aliénation qui a été faite au profit des nommés Maillard et Voillin de 20 journaux de terre appartenant à la ditte commune par procès-verbal du 9 Janvier 1719 est absolument nulle pour avoir été faite sans formalité n'y aucune authorisation a délibéré à l'unanimité des suffrages qu'il faut intenter l'action en revendication des dits bois et terrains compris les 65 toises de pâtis lieu dit Sous la Chaussée de l'étang Godmard par devant les juges compétens, tant contre le citoyen Susteau cy-devant Seigneur de Saulxures que contre les héritiers ou représentants des nommés Maillard et Voillin, et à cet effet adresser une pétition au directoire du département de la Haute-Marne pour en obtenir l'authorisation nécessaire. »

On voit par les faits qui précèdent que bien avant Bismarck *la force primait le droit*.

La commune en définitive est restée propriétaire du bois la Derrière auquel a été donné le nom symbolique de bois des Revenues.

Elle rentra aussi en possession de tous les terrains communaux usurpés par le sieur de Susleau.

La quantité en était considérable... et la qualité aussi.

En 1794 la commune n'ayant pas d'argent pour satisfaire aux réquisitions successives faites pour les armées de la République mit en vente six lots de terrains repris « sur l'usurpateur de Susleau, et situés aux alentours de l'étang Godmard.

Le 1er lot contenant 150 toises fut adjugé pour la somme de 800 Livres.

Les cinq autres lots contenant chacun cent toises furent adjugés aux prix suivants :

Le 2e, 440 Livres ; le 3e, 555 Livres ; le 4e, 530 Livres ; le 5e, 660 Livres et le 6e, 605 Livres, en tout 3.590 Livres pour 650 toises.

Ce n'était qu'une faible partie des terrains usurpés en cette contrée puisque la commune en avait repris 20 journaux autour de l'étang Godmard à la suite d'un travail fait par une commission d'abornement.

Les autres pâtis rendus à la commune furent loués à l'année « le 16 Germinal, an troisième de la République une et indivisible ».

A cette date le château était abandonné. Toutes les vitres en étaient brisées.

Juste retour des choses d'ici-bas.

Prohibition des Mascarades

Le 19 février 1791 le Procureur de la commune dit : qu'il est informé que certains quidam de cette paroisse scandaleusement s'étaient *émissés* de courir par les rues du vilage revêtus de haillons et masqués, que des personnes de cette nature ne peuvent avoir que de mauvaises intentions et qu'il ne peut trop s'empresser à donner ses conclusions pour empêcher des voies de fait aussi dangereux, en conséquence conclu à ce qu'il soit enjoint au commandant de la garde nationale de veiller et faire veiller à ce que de pareils désordres soient empêchés et d'arrêter par corps tous ceux ou celles qu'ils trouveront tant de nuit que de jour courir les rues dans aucun déguisement, bien s'assurer de leurs personnes les mettre en lieu de sûreté et en rendre compte à la municipalité qui statuera.

Délibération conforme aux conclusions du Procureur.

L'année suivante les mêmes faits se reproduisent et le 24 janvier 1792 le maire déclare au conseil « qu'il est informé que certains particuliers se sont émissés de se mettre à la tête de plusieurs jeunes gens des deux sexes déguisés en mascarade ces semaines et jours derniers et que pour empêcher de pareils désordres il est nécessaire de délibérer à ce sujet à l'effet de maintenir l'ordre et d'empêcher les suittes de cette licence qui sont dangereuses particulièrement dans ce tems où on ne peut trop prendre de précautions contre les ennemis de la constitution ;

Le procureur de la commune (qui avait refusé de requérir précédemment) félicite ironiquement MM. les officiers munipaux de la surveillance qu'ils annoncent vouloir faire exercer pour l'ordre public et ouï ses conclusions, le conseil délibère qu'il est deffendu à toute personnes de quelte qualité et conditions elles soient de souffrir aucune assemblée de nuit chez soy sous prétexte de veillée de femmes ou filles, à peine de dix livres d'amende contre ceux qui seront convaincus de recevoir chez eux de pareilles assemblées, comme aussi deffenses sont faites à toutes personnes de troubler l'ordre public sous aucun déguisement n'y de jour n'y de nuit sous peine d'être arrêtés par la garde nationale et d'être conduits le cas échéant en la maison d'arrêt de Bourbonne ; enjoignant au commandant de la ditte garde d'y tenir la main. »

Décidément le progrès a marché et il vaut encore mieux vivre à notre époque qu'au bon vieux temps, malgré la plaie hideuse du nationalisme.

www.ingramcontent.com/pod-product-compliance
Ingram Content Group UK Ltd.
Pitfield, Milton Keynes, MK11 3LW, UK
UKHW021201220726
13924UKWH00003B/1260

9 782019 923068